説話社 占い選書 17

宿命を知り、活かす
恒星占星術

マドモアゼル・愛 著

この本を読まれる前に　～星のつぶやきに耳を傾けよう

宿命恒星占星術というこの新占法は、今までの西洋占星術と違って、「恒星」によって占います。西洋占星術は、「惑星」を中心にすえた星占いの体系ですが、宿命恒星占星術は、恒星を中心にすえてその体系が組まれています。

では惑星と恒星と、占える内容にどのような違いがあるのでしょう。

ひと言で言うなら、惑星は人間の可能性を明らかにし、恒星は変えることのできない人間の宿命を明らかにしているのです。

今まで多くの人の鑑定をしてきまして、惑星だけではどうしても説明がつかない、さまざまな出来事を見てまいりました。そして性格が運勢を作ると考える従来の星占いの他に、本人が望むと望まざるとにかかわらず、強制的に人に影響を及ぼすところの宿命的な力の働いていることに気づいたのです。

そして宿命的な力の働き具合を、数多くの鑑定例を通して追っていくと、いくつかのパターンに行き着くことがわかりました。そこに浮かび上がってきたのが恒星の存在だったのです。

もちろん西洋占星術でも、昔から恒星の研究が進められていました。恒星研究の大家とも言える、タッカー・ヤコブソン・レウィラインジョージ・ポレル女史など、また日本でも多くの優秀な占術家が研究を重ねてまいりました。

この宿命恒星占星術も、多くの偉大な研究の成果を借りなければ、とうてい構築できるものではありません。しかしながら、宿命恒星占星術が他の恒星研究と異なるのは、これを西洋占星術から切り離して考え、恒星主体の占術体系をこしらえた点にあります。

これによって恒星のもたらす宿命を、体系的に捉えることが可能になったわけで、宿命という目に見えないものを、いたずらに恐れる必要もなくなったのです。

宿命恒星占星術は、あなたの生年月日を調べるだけで、基本的宿命から将来、相性に至るまでを、かなり具体的に知ることができます。占いの基本となるのは9つの構成で、これらの星は広範囲にわたって影響力を発揮し、9大ゾーンを構成します。誰でも必ず9大ゾーンのどこかに生まれており、9つの恒星が与える宿命的な影響を受け止めているのです

また9大ゾーンの他に、宿命恒星盤の上に散りばめられた76の恒星があり、それらの星とあなたがどのように関わっているかによって、さまざまな仕組みを知ることができるのです。

昔から言われてきたように、よい星の下に生まれた人、悪い星の下に生まれた人は、確かに

存在しているのです。

宿命は私たちの意志で変えることはできません。しかし自分の宿命を知ることができれば、それに呑み込まれることはもうありえないのです。悪い宿命を解消する方法（宿命逆転）については最後に述べているので、ふれませんが、所詮、いい、悪いというのは人間の狭い価値観にすぎず、悪いと考えられる星にも、かけがえのない存在の理由はあるのです。

すべての星は暗闇に輝く光であって、太古の昔から人間に多くのことを語りかけてきました。しかし、いつしか星の語る言葉を聞かなくなった私たちは、宇宙の広がりを忘れ、限りある空間（地球）を奪い合うようになっていきました。その時以来、星は人間に語りかける手段として、やむなく宿命という強制的な方法をとるようになったのです。人間に宿命というものがあるために、私たちはかろうじて、宇宙との調和を保っていられるのかもしれません。

ここで私たちはもう一度、星の美しかったあの太古の夜空を思い出して、心静かに星のつぶやきに耳を傾けてみたいと思うのです。

マドモアゼル・愛

新書版まえがき　～小さな新しい神話世界をあなたに

『恒星占星術入門　愛の宿命占い』の出版からもう30数年の月日が流れました。今読み返しても、とても夢のある本だったと感慨深いものがあります。

当時は恒星の研究に熱中しており、恒星の影響力とその不思議さに夢中な日々を送っていました。恒星は黄道上にある星だけではなく、黄道からかなり外れたところに位置しているものが多いので、それを黄道上の誕生点に置き換えるには、無理がありましたが、若い時代特有の直感により、黄道の感受点としての性質を恒星の性質と合致させて、その位置を決定したもので、実測値とは違っていますが、恒星を黄道上の運命点として捉え直して体系化したのが、私の恒星占星術です。

神秘的な9つのゾーンも、当時、3万人の鑑定をしていた経験が生んだ統計と直感によるものでしたが、本当に不思議なほど当たりました。

当時、私は新宿にあった「星占いの館」というお店で店長職をしており、来客者のホロスコープを解読するサービスを合計3万人ほどにやりました。何度も来客されるお客様も多く、中には有名な小説家もいらっしゃいましたし、何度も足を運んでくださった中には、美輪明宏さんもいらっしゃいました。

美輪明宏さんは、私の占いを気に入ってくださり、まだ名もなく孤独であった私にとっての唯一の励みとなりました。美輪明宏さんが私の才能を認めくださった……それがどんなに私の力づけとなったことでしょう。

その後、お会いすることもなく月日は流れましたが、数年前にニッポン放送での収録の際、スタッフの方が別スタジオに美輪明宏さんが見えていらっしゃる、と私に教えてくれました。私は本番があったので、スタッフに一枚の紙をいただき、貧しく孤独であった時代に美輪明宏さんを何度も占わせていただき、そしてお褒めいただけたことが本当に私の励みになりました、と、その感謝をお伝えしました。

戻ったスタッフは、「間違いなく渡しました。お読みになっていられました」と。30年以上たって、初めてお礼を言えたわけです。

話はそれましたが、こうした貴重な鑑定体験からいろいろなことを学び、直感したものは私の宝物になっていきますが、とくに確信したことが、星座区分とは別に、黄道には不思議な感受点があるということでした。

そしてその感受点の影響は、恒星と関係しているように思えたのです。こうして黄道と恒星との関係が、若かった私の神秘的直観によってまとまっていきました。

そして、『恒星占星術入門　愛の宿命占い』ができたのですが、私の青春時代の総決算ともいえる一冊となりました。それが一番最初に出した私の単行本でもあり、マドモアゼル・愛としての活動は、まさにこの本からスタートしたといっても過言ではありません。

秩父の山奥の小さな旅館にこもって、この原稿を書きました。当時は古きよき時代で、旅館での一週間ほどの滞在費もすべて、出版社が提供してくれたと記憶しています。

30年以上もたってしまいましたが、改めてお礼申し上げるしだいです。

この本の内容を今になって考えますと、つけ加えたいものがあることに気づきます。それは、恒星とは何かについての加筆です。

占星術は、惑星・星座・ハウスの関係で占いますが、惑星の最大のものが太陽です。太陽はご存じのように恒星です。恒星と惑星とではそのインパクトはまったく違い、恒星の存在、占星術においては太陽の存在は、圧倒的に重要です。そして太陽と同じように、恒星も太陽と同じく本当は重要なのです。

まず、占星術のすべては恒星意識を大元にして始まり、次にその恒星意識を代表して太陽が持ち、太陽意識を天空という黄道帯に投影したものがサインであり、地上に投影したものが12ハウスという占星術の構造を作っています。占星術の大元には常に太陽があるのですが、同様に恒星という無数の太陽が存在しており、黄道帯に無数の恒星が影響を与えているのです。

もしくは恒星の意識を黄道帯が感じ取っているといった方が近いかもしれません。占星術の構造は、太陽と惑星・12サイン・12ハウスですが、12サインの黄道帯に微細な意識を与え続ける恒星の存在が大元にあって、これが宇宙意識となって私たちに伝播されています。その影響は、惑星でいうなら、太陽から最も離れた位置を運行する冥王星が、恒星の宇宙意識を中継する星と考えられています。

それは確かにそうですが、実は黄道帯そのものも、恒星の波動をキャッチするすべての感受点であると私は考えています。

恒星と現在の占星術はこのような関係にあり、大元は恒星に代表される意識を解読することから始まったのが占星術といえるように思います。意識は微細なほど潜在的影響を人に与えます。

一番微細な意識が恒星ならば、では一番雑で微細ではない意識は何かですが、これは月です。月はドタバタとしたうるさい意識であり、そのノイズによって圧倒的に人を支配する力がありますo 反対に恒星はその働きが無視されやすいほど微細ですが、微細である方が潜在的に大きく、根底から物事を変革させる力が潜んでいるわけです。

恒星の影響は微細ですが、それが敏感な感受点であるところの黄道帯に反映されることで、その意識を読み解くことが可能となります。私たちは恒星について思い、気持ちをそこに向けることで、通常の生活からは得られない、不思議な気持ちになれます。

星に思いを寄せることは、大昔から人々が行ってきたことであり、それが祭りであり、それは恐れであり、それは祈りでありました。恒星という存在に私たちが意識を向けた時、私たちの心はなぜか自由にはばたきます。

狭い地球を脱し、いろいろな重苦しい影響を脱し、このうえない自由のイメージを与えてくれる星々。空に恒星が散りばめられて永遠の光を放つのには、必ず意味があります。

私たちが恒星に思いを寄せる時、これまでと異なる時空を与え、これまでと異なる自分を発見せしめ、新しい道を私たちにもたらしてくれます。遠い遠い星、恒星を見る時、すべての問題が実は解消されていることに私たちは気づくのです。

恒星占星術の本当の意味は、星に意識を向けることで、私たちをあらゆるしがらみから解放させ、あらゆる苦しみをやわらげ、どのような時においても、寄り添えるものであることを教えてくれます。

その一つが恒星占星術であり、これは占いではあるものの、占いというより、一つの小さな小さな新しい神話世界をあなたにお届けするものであって欲しいと願っています。

２０２１年春　星に願いを込めながら

マドモアゼル・愛

目次

第1章

恒星ゾーンの宿命

あなたの「宿命」を決定する恒星ゾーンを研究。巻末の宿命恒星盤を参考に、これからの説明を読み取っていってください。自分の宿命を知ること、それは、大宇宙の星のリズムを知り、現世によりよく生かすことなのです。

恒星盤で自分の宿命を知り尽くす

宿命波が宿命を決める！

宿命恒星占星術は、占う人の生年月日をもとに、それぞれの9大ゾーン・誕生点の恒星・生運数・進行点・運勢周期を調べ、さまざまに組み合わせて占う方法です。

宿命恒星占星術は、性格判断が主体だった多くの今までの占いと違って、その人の宿命を調べる新占法です。

日ごと、夜空に輝く恒星は、いつも宿命波を出していて、それを受け取る人間の行動を決定する、と恒星占星術では考えます。

宿命波とは、星の光がB型からM型までのスペクトルに分類できるのと同じように、恒星の発する光の中には、私たちの人生に影響を及ぼす電波に似た波動があると考え、それを宿命波と呼びます。私たちは誰でもこの宿命波を常に受け止めているのですが、人によって受け止めやすい宿命波とそうでない宿命波とがあります。

一般的に、受け止めやすい宿命波には、2種類あって、一つは生まれた時の「恒星ゾーン」の支配構成が出す宿命波。もう一つは生まれた時の恒星盤上における地点、これを「誕生点」といいますが、その誕生点に何らかの恒星がある場合、その恒星が出す宿命波を受け止めやすいのです。

2つの中でも特に誕生点の恒星の宿命波の影響は強烈で、誕生点に恒星を持っている人の人生は、よい意味でも悪い意味でも、スケールの大きいものになります。

よい恒星を持てば、幸運な事件が多く起こり、悪い恒星を持てば、苦労や悲しい事件が多くなります。

受け取る宿命波によって、なぜこのように差ができるのかといいますと、私たちは自分の星からくる波動と同質のものを地上の事柄に当てはめたくなるからです。地上にあるあらゆるものは、星が出す宿命波と似たような波動を発していますので、私たちはつい自分が受け止めている波動と同質のものへ、自然と目を向けやすくなるのです。

宗教家はこれを「縁」ということで説明しますが、宿命恒星占星術ではこれを、星と人間とを結ぶ宿命波の存在で捉えているのです。

もしあなたの誕生点が、不運な恒星ゾーンにあったり、また、そこに悪い宿命波を出す恒星があったなら、あなたはその恒星の波動と同質のものを人生でも選択しやすくなります。

そしてわざわざ相性の悪い方の異性を選んでしまったり、一番よくない会社をわざわざ就職先に選んだり、わざわざ悪い学校へ行ったりと、おもしろいように、わざわざ悪い事件の起こる環境を選んでしまうでしょう。

反対に、よいゾーンやよい恒星を誕生点に持って生まれた人の場合は、誰にも見つけられないようにと、ひっそり隠れていた数少ない幸運までもかぎ分けて、見事、手に入れてしまうでしょう。それこそ、砂浜からたった一粒の幸運の砂を見つけるような奇跡も、同質の波動をキャッチすることによって可能になるのです。

とかく不幸な人はどんどん不幸になり、うまくいく人は何事もトントン拍子に進むのが世の中ですが、これは不幸な波動に感応しやすい人と、幸福の波動に感応しやすい人との差と言えます。

そして、どういう波動に感応しやすいかは、その人の星（恒星ゾーンや誕生点の恒星）が決める宿命的なことであって、私たちにはどうすることもできないのです。

これから皆さんの宿命を占ってまいりますが、よい宿命の人と悪い宿命の人とに、はっきり分かれて出てまいります。

おそらく悪い宿命を持って生まれた人が一時的に、がっかりされるかもしれません。しかし次のことだけは先に言っておきましょう。

悪い星のもとに生まれた人はいったん自分の宿命を克服するや、どこまでも大発展していく場合が多いということです。

あらゆる人が自分の宿命を知って、悪い人はそれを克服し、よい宿命の人はそれを活かせるように、この宿命恒星占星術を利用していただきたいと思います。

宿命恒星占星術の占い方

ではさっそく、占うために必要な事柄を、あなたの出生生年月日をもとに、作成することにしましょう。

①誕生点を調べる

宿命恒星盤の外側の日付から、あなたの誕生日を見つけてください。そこを誕生点といい、いろいろなことを占う上での基本になる、最も大切な宿命点です。

例　４月23日生まれの人の誕生点は、４月23日点。誕生日と誕生点の日付は、２月29日生まれの人を除いてすべて同じです。（注／２月29日生まれの人は、３月１日が誕生点）

②恒星ゾーンを調べる

誕生点の次は、あなたの誕生点が位置する恒星ゾーンを調べます。

９大恒星ゾーン（９大宿命域）は次のようになっています。

フォーマルハウトゾーン	2/8～3/19
アンドロメダゾーン	3/20～4/28
プレアデスゾーン	4/29～6/9
シリウスゾーン	6/10～7/20
アッセライゾーン	7/21～8/29
スピカゾーン	8/30～10/20
アンタレスゾーン	10/21～12/5

ラサルハークゾーン　12/6～12/30
デネブゾーン　12/31～2/7

恒星ゾーンでは あなたの基本的な宿命の傾向を、性格・愛・生い立ち・将来の傾向・健康などの項目を通して占います。

③誕生点の恒星を調べる

恒星ゾーンの次は、誕生点の前後2日以内に恒星があるかどうかを調べます。あれば、それが誕生点の恒星です。

誕生点の恒星は、全部の人が持っているわけではありません。持っていなくても悪いということはないので安心してください。ただ、あるほうが、その星の宿命波を強烈に受けることになるので、よい意味でも悪い意味でも、人生のスケールが大きくなりやすいといえます。

将来、社会的に活躍したいとか、有名になりたいと望む人は、誕生点に恒星があった方が有利でしょう。

しかし、愛する人と結婚して平凡でも幸せな人生を送りたいとの願いは、誕生点に星がなくても十分に叶えることができます。誕生点に悪い星を持つと、日常的な幸福からは、かえって遠ざかりやすい傾向があります。

誕生点の恒星は次の通りです。あなたの星を探してください。

恒星名／誕生点（有効範囲―誕生点の前後2日）／宿命波の強弱／吉凶の区別　☆吉星　★凶星　✪吉凶混合

恒星名	誕生点	宿命波の強弱	吉凶の区別
サダルスウド	2/12（2/10〜2/14）	強	✪
デネブアルゲディ	2/13（2/11〜2/15）	中	✪
サダルメリク	2/22（2/20〜2/24）	中	★
フォーマルハウト	2/23（ゾーン支配恒星として2/8〜2/19の広範囲に影響を及ぼすが、2/21〜2/25に誕生点を持つ人はこの星が誕生点の恒星ともなる）	強	☆
スカット	2/28（2/26〜3/2）	弱	✪
アケルナル	3/7（3/5〜3/9）	中	✪
マーカブ	3/15（3/13〜3/17）	中	✪
シャート	3/19（3/19〜3/21）	弱	✪

恒星名	誕生点	宿命波の強弱	吉凶の区別
ディフダ	3/23（3/21〜3/25）	中	✪
アルゲニブ	3/30（3/28〜4/1）	弱	☆
アルフェラッツ	4/5（4/3〜4/7）	強	☆
ベイテンカイトス	4/12（4/10〜4/14）	強	★
銀河アンドロメダ	4/17（ゾーン支配恒星として3/20〜4/28の広範囲に影響を及ぼすが、4/15〜4/19に誕生点を持つ人は、この銀河が誕生点の恒星ともなる）	強	✪
ミラク	4/20（4/18〜4/22）	強	☆
ミラ	4/21（4/19〜4/23）	弱	☆
シェラタン	4/24（4/22〜4/26）	弱	★
ハマール	4/28（4/26〜4/30）	中	★
アルマク	5/4（5/2〜5/6）	中	☆
メンカー	5/5（5/3〜5/7）	強	✪

アルゴル　5/18（5/16～5/20）　強★

プレアデス星団　5/21（ゾーン支配恒星として4/29～6/9の広範囲に影響を及ぼすが5/19～5/23誕生点を持つ人は、この星団が誕生点の恒星ともなる）　強★

アルデバラン　5/31（5/29～6/2）　強★

リゲル　6/7（6/5～6/9）　強☆

ベラトリックス　6/12（6/10～6/14）　強★

カペラ　6/13（6/11～6/15）　強☆

ミンタカ　6/13（6/11～6/15）　弱✪

エルナト　6/13（6/11～6/15）　弱✪

ベテルギウス　6/20（6/18～6/22）　強☆

メンカリナン　6/21（6/19～6/23）　弱✪

プロープス　6/23（6/21～6/25）　中✪

アルヘナ　7/1（6/29～7/3）　中☆

シリウス　7/7（ゾーン支配恒星として6/10～7/20の広範囲に影響を及ぼすが7/5～7/9に誕生点を持つ人は、この星が誕生点の恒星ともなる）　強☆

カノープス　7/7（7/5～7/9）　強✪

カストール　7/13（7/11～7/15）　強★

ポルックス　7/17（7/15～7/19）　強★

プロキオン　7/19（7/17～7/21）　中★

プレセペ星団　8/1（7/30～8/3）　中★

アッセライ（ボレアレスとオウストラリスの称号）　7/31～8/1（ゾーン支配恒星として7/21～8/29の広範囲に影響を及ぼすが7/29～8/3に

誕生点を持つ人は、この星が誕生点の恒星ともなる）　強★

アクベンス　8/7（8/5〜8/9）　中✪
アルファルド　8/21（8/19〜8/23）　強✪
アダフェラ　8/21（8/19〜8/23）　弱✪
レグルス　8/23（8/21〜8/25）　強✪
ゾスマ　9/4（9/2〜9/6）　中✪
M65・M66　9/10（9/8〜9/12）　弱☆
デネボラ　9/15（9/13〜9/17）　強✪
ザバジャバ　9/20（9/18〜9/22）　弱✪
ザニア　9/28（9/26〜9/30）　強☆
コルカロリ　10/2（9/30〜10/4）　中☆
ビンデミアトリックス　10/3（10/1〜10/5）　中☆
ポリマ　10/6（10/4〜10/8）　中☆
アルゴラブ　10/6（10/4〜10/8）　強★

スピカ　10/17（ゾーン支配恒星として8/30〜10/20の広範囲に影響を及ぼすが10/15〜10/19誕生点を持つ人は、この星が誕生点の恒星ともなる）　強☆

アルクトゥールス　10/18（10/16〜10/20）　強☆
プルケリマ　10/26（10/24〜10/28）　弱✪
アルフェッカ　11/5（11/3〜11/7）　強☆
サウスバランス　11/8（11/6〜11/10）　中✪
ノースバランス　11/12（11/10〜11/14）　中✪
アヌカルハイ　11/15（11/13〜11/17）　強★
イェドプリオール　11/25（11/23〜11/27）　中★

アンタレス　12/2（ゾーン支配恒星として10/21〜12/5の広範囲に影響を及ぼすが11/30〜12/4に誕生点

を持つ人は、この星が誕生点の恒星ともなる）　強★

ラスターバン　12/4（12/2～12/6）　中✪

ラスアルゲチ　12/7（12/5～12/9）　中✪

サビク　12/10（12/8～12/12）　中✪

ラサルハーク　12/15（ゾーン支配恒星として12/6～12/30の広範囲に影響を及ぼすが12/13～12/17日誕生点を持つ人は、この星が誕生点の恒星ともなる）　強✪

レサト　12/17（12/15～12/19）　弱✪

シャウラ　12/18（12/16～12/20）　中★

アルナスル　12/25（12/23～12/27）　弱✪

カウスボレアリス　12/31（12/29～1/2）　弱✪

ベガ　1/6（1/4～1/8）　強✪

デネブ（わし座）　1/11（1/9～1/13）　中☆

アルビレオ　1/21（1/19～1/23）　中☆

アルタイル　1/22（1/20～1/24）　強✪

ゲェディ　1/24（1/22～1/26）　中☆

ダビー　1/24（1/22～1/26）　中✪

デネブ　2/4（ゾーン支配恒星として12/31から2/7の広範囲に影響を及ぼすが2/2から2/6に誕生点を持つ人は、この星が誕生点の星ともなる）　強☆

アルバリ　2/5（2/3～2/7）　強✪

以上76の実在する恒星によって、あなた自身の宿命を占います。詳しいことは、第2章「誕生点の恒星」をお読みください。

④進行点を調べる

進行点は、現在の**あなたの年齢の数**を、あなたの**誕生点に加算**した地点のことを言います。

例 誕生点が4月5日で、現在15歳の人の場合、4月5日から数えて15日目、すなわち4月20日点が進行点になります。

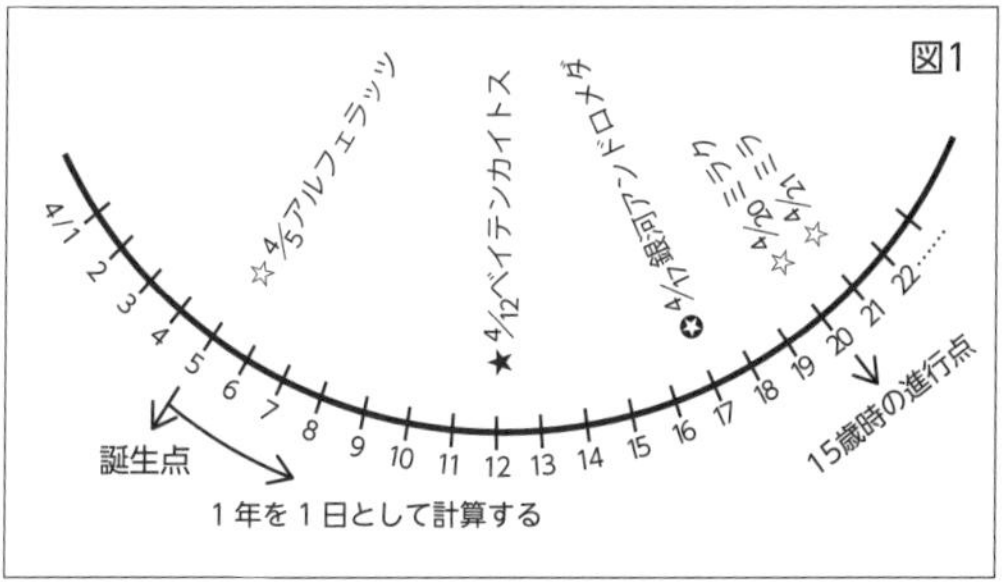

進行点は一つ歳をとるたびに、1日ずつ増えていくわけです。調べようと思えば、5年後の進行点、10年後、20年後の進行点でも簡単に調べられます。

進行点は、あなたの未来に起こる事件を調べるうえに必要となってくるポイントです。

進行点について

私たちは誰でも宿命恒星盤の上を、誕生点を基点にして、1年に1日ずつ進行します。進行の速度は一見ゆっくりのようですが、それでも年を経るごとに、次の恒星ゾーンに移ったり、いろいろな恒星点を通過していきます。そのたびに私たちは、新しいゾーンの支配恒星が発する宿命波や、進行点による恒星の宿命波を受けて、さまざまな事件や出来事に遭遇していくのです。

詳しいことは、第3章「宿命恒星占星術による宿命占法」をお読みください。

⑤生運数を調べる

最後は生運数を調べます。

出生年月日を西暦に置き換えて、その数字を全部足し、最終的に一桁の数にします。

例 1986年（昭和61年）9月27日生まれの場合。1＋9＋8＋6＋9＋2＋7＝42

42をさらに4＋2＝6と足して、「6」が求める生運数です。

生運数は、自分の恒星ゾーン、及び誕生点の恒星との相性を見る時に用います。また運勢の周期も、生運数によってわかります。

生運数と運勢周期

ここで簡単に、生運数と運勢周期の関係を説明しておきましょう。一部の例外を除いて、運勢には周期というものがあります。これを運勢バイオリズムと言いますが、その中でも最も基本的な周期の一つに、何年おきに重大事件が起こるか、という見方があります。

若いうちはそれほどでもありませんが、ある程度の歳のいった方なら、不思議と3年ごとにお金が入るとか、4年ごとに愛情問題を起こすとか、7年ごとに病気で倒れる、といったような事件の周期性に気づかれるはずです。

このような重大事件が起こる運勢の周期は、実は生運数によって決まっているのです。生運数の数が、そのまま重大事件の起こる運勢周期を表しています。

生運数5の人は、5年ごとに重大事件に遭いやすく、生運数6の人が6年ごと、7の人は7年ごとというようにです。

しかし生運数1だけは例外で、重大事件に周期性は見られません。生運数1の人は、運勢的に最も強い生まれで、運勢周期の影響を受けないのです。チャンスを自分で作り、それを自力で刈り取っていく宿命を持っています。

また生運数2の人は、1年おきによい年と悪い年が交互にやってくる、という少し落ち着かない運勢周期の傾向をしています。喜んでいると嫌なことが起こり、悲しんでいるとうれしい事件が起きるという具合です。

また生運数が3の人は3年ごとに、生運数4の人は4年ごとに大事件が起こるというように、順に生運数9まで至ります。2〜9と生運数が増えるにつれて、事件の起こるまでの期間は長くなりますが、数が増えるにつれて、事件の規模も大きくなります。生運数7から9の人は、滅多に事件に見舞われませんが、ひとたび持ち上がると、それまでの人生を一変させてしまうような大規模な出来事になりやすいのです。

以上のことをまとめますと、次のページような表になります。

これで占うために必要なすべてのデータが整いました。

①誕生点
②恒星ゾーン
③誕生点の恒星の有無

④進行点

⑤生運数及び運勢周期。

以上ですが、忘れないように巻末にある「宿命恒星盤」に記入されておくとよいでしょう。

生運数	運勢周期	出来事の大きさ	重要年齢
1	なし	自分しだい	特になし
2	1年おき	小	特になし
3	3年	小〜中	3 6 9 12 15 18 21 24 27 30 33 36……
4	4年	小〜中	4 8 12 16 20 24 28 32 36 40 44 48 52 56 60
5	5年	中	5 10 15 20 25 30 35 40 45 50 55 60 65 70……
6	6年	中	6 12 18 24 30 36 42 48 54 60 66 72……
7	7年	大	7 14 21 28 35 42 49 56 63……
8	8年	大	8 16 24 32 40 48 56 64 72……
9	9年	大	9 18 27 36 45 54 63 72 81……

フォーマルハウトゾーン
「孤独の星」

誕生点
2/8～
3/19の人

★星の概要

恒星フォーマルハウトは、「南の魚座」の口の部分にあたる一等星ですが、とても孤独な星で、近くに明るい星がないため、ものわびしい秋の夜空に、一人でポツンと輝いています。

秋の夜空を飾る唯一の一等星がこの星なのです。

♣影響力

2月8日から3月19日の期間に生まれた人は、恒星フォーマルハウトの影響を受けることになります。恒星フォーマルハウトは、9大ゾーンの支配恒星の中では、影響力が弱い方ですが、恒星サダルメリク2／22の宿命波を吸収して、実際には強い影響力を及ぼします。

恒星物語 指導者の孤独を表す「北落師門《ほくらくしもん》」

中国ではフォーマルハウトのことを北落師門と呼んでいます。秋の南の空にポツンと輝くこの星は、王者の孤独を表しているようです。

恒星フォーマルハウトは、秋の南の空に輝く唯一の一等星で、この星を長い時間眺めていると、秋のわびしさが、ひしひしと胸にこみ上げてきます。中国ではこの星を、北落師門と呼びます。北落師門は、長安の北の門のことで、師門と呼ばれているところから、おそらく軍門であったのでしょう。

師とは軍隊を意味し、２５００人の兵をさす、と易経にも書かれています。そこで中国では北落師門を「兵星」としてとらえたのでしょうが、単なる戦いの星というより、２５００人の兵を率いる指導者の心境を表現したものではないでしょうか。ものわびしい秋の夜空にポツンと輝くこの星が、２５００人の兵を率いる指導者の孤独な気持ちと重なっているように私には見えるのです。

北落師門……不思議と心に響く名前ですが、恒星フォーマルハウトの心境を、詩的に表しているかのようです。

フォーマルハウトは、全天で20ある一等星の中では18番目という暗さですが、22光年という近い距離で輝いています。

恒星フォーマルハウトにまつわる話は、一般には、ほとんどありませんが、宿命恒星占星術では、次のような内容を、象徴的に語ることがあります。

フォーマルハウトには美しい湖があって、百年に一度という満月の晩になると、湖底から、孵化した大白鳥が飛び立ちます。大白鳥は、湖面を持ち上げるように割って出ると、山脈をすっぽりおおい隠すような大きな翼をはばたかせ、一路、南に向けて、長い長い旅に出かけるのです。

後には、飛び散った大白鳥の羽が満月の夜空に漂い、人々は歌を歌って、白鳥の無事を祈るということです。

その日を「白鳥の旅立ち」と呼んで、そして数億光年の彼方から、親鳥となって再び戻ってくる日のことを、「白鳥の約束」と呼ぶのだそうです。

北落師門といい、この白鳥の話といい、どことなくものわびしさが漂いますが、それでいて、どこかにうるおいと美しさが感じられます。確かにフォーマルハウトも、そういう星なのです。

恒星フォーマルハウトは吉星で、このゾーンに生まれた人を幸福な人生へと導きます。しかし、それは、平凡な幸福とは少し違っています。孤独な星がもたらす幸運であるところから、あなたの人生にも、どこか孤独の陰が漂うのです。そして、単なる孤独と違う、不思議な美しさを添えて……。

１・１等星、22光年、太陽の15倍というこの星は、あなたの生涯を見守りながら、今宵も輝いています。

宿命　たった一人の状況が幸運をもたらす「孤独の星」

過去生

あなたの前世は次のようでした。

その村では女性が結婚する時、立派な鶏の卵を神官に渡さなくてはいけない風習がありました。神官は、娘たちから受け取った卵を、神器の端で割り、中身をその中にあけて、娘の結婚の是非を決定していました。神官はあなたの差し出した卵を見ると、卵を割る前に、異例なことに、結婚の許しを出してくれました。

割って中を調べるまでもなく、その卵が立派なものであったからです。あなたの卵は奉納されて、祝福を受けましたが、たまたま巫女《みこ》の一人の服の裾が神器に触れ、その弾みで卵が転がってぶつかり、きれいに割れてしまいました。神官たちは、割れた卵を見て、驚きの声を上げました。黄身が二つ、双子の卵だったのです。これはあなたの真心が二つあることで、すなわち二度の結婚を意味していたからです。

しかし、すでに結婚の許しを下したので、もう取り消すわけにはいきません。こうしてあなたは前世において、二度の結婚を、予言通りに行ったのでした。

しかし神官が予想したように、その卵は稀に見る立派なものだったので、二度の結婚を通して、あなたは富と愛の両方を、手にすることができました。

こうした前世体験の記憶は、今なおあなたの胸の奥に息づいており、離婚や再婚に、何の躊躇もない考え方のできる女性になったのです。

現世

フォーマルハウトは幸運をもたらす星です。そのため、フォーマルハウトゾーンに生まれた人の生涯は、原則的には幸運なものとなります。

フォーマルハウトに誕生点を持つ人にとって、「一人」というのはとても大きな意味があります。たった一人だったということのために受ける幸運が、あなたの人生には多いのです。小さいところでは、たった一人しか女性がいなかったために驚くほどモテたり、たった一人だったために、莫大な財産を相続したり、たった一人しかその特技を持っていなかったために、破格の優遇を受けるなど……。

また何の能力や特技がなくても、たまたまその場に居合わせた、ということだけで大きな幸運をつかむこともあります。

フォーマルハウトは確かに孤独の星ではありますが、孤独やひとりぼっちが、悲しみのままで終わることはなく、かえってそのことによって信じられないような幸運を、生涯のうちに何度か手にすることができます。

またあなたには芸術方面との縁が何かと深く、いろいろな芸術家との交際や交友が広がったり、あなた自身が芸術家になる場合もあります。

未来生

あなたは子どもの頃からわがままに育てられた

ためか、本質的に自分勝手なところがあります。おつき合いのために食べたくもないものをおいしそうな顔をして食べなければいけなかったり、見たくもない映画を大勢の意見に従って見なくてはいけないなんて、本当は嫌で仕方がないのがあなたです。おもしろくもない冗談に無理に合わせて笑って、頭の痛くなることもあります。

そういうあなたの将来は、二通りの可能性に分かれます。自分のわがままな心を悟り、それを克服して人を許す偉大な愛の行為者になるか、もしくは、不平不満ばかりで常にイライラし、ヒステリックになって徐々に友人にも見放され、本当に孤独に陥っていく寂しい人生かです。

どちらの場合も生活の安定はあるので、最悪の結果にはなりませんが、精神的には雲泥の差ができる将来像と言えます。

どうすれば幸福な将来を勝ち取るかの方法は、いたって簡単です。皮肉を言ったり、人に意地悪をしないことです。もちろん人間ですから、不平不満を感じないわけがありません。しかし、それを口に出して人に当たるのと、出さないのとでは、雲泥の差が運勢のうえでできるのです。

あなたの敵は、自分自身の感情だけですから、感情というものがどういうものかわかれば、必ず幸福になれる人なのです。感情はそれを形にして出せば出すほど、いっそう強くなっていくものです。逆に皮肉や意地悪をしなければ、すぐにでも激しい感情を克服することができます。

あなたの将来はそこにかかっています。

性格　孤独好きで、人から干渉されることを嫌う性格

フォーマルハウトゾーンに、誕生点を持つあなたは、もの淋しい秋の夜空に、ぽつんと輝くこの星に似て、孤独好きな性格をしています。

もちろん、友だちと賑やかに騒ぐのも結構好きですが、騒いでばかりいるとだんだん虚しい気持ちになってくるでしょう。そして一人になりたいと密かに思うことがしばしばです。

しかしそんな時でも心優しいあなたは、人に嫌な顔を見せたりしません。そのこともかえって、あなたをつらい気持ちにさせる場合が多いのです。決して人間嫌いなわけではありませんが、無理してまで人に合わせようとするため、しまいに疲れて一人になりたくなるのです。

こんなあなたの性格は、実は人から干渉されることを嫌うことが原因になっているようです。

あなたは趣味や服のセンス、自分の生き方などについて、人からとやかく言われたり、最もらしく忠告されるのをひどく嫌います。しかし、どんなに嫌に感じても、決してそれを表面に出さないで抑えるため、欲求不満や怒りが、全部内に向かってしまうのです。

そしてだんだんといたたまれなくなってきて、その人間関係を突然絶ってしまいたくなったりします。このようなパターンを何度となく経験してきたあなたは、うるさく言う人や、すぐに最もらしく言う人を嫌いますし、新しい友人とつき合う時も、意外に用心深くなってしまうのです。どん

なに楽しそうに交友を重ねていても、すぐに心の底まで打ち解け合うようにならないのは、自分の心の城を守りたいという気持ちが強いからなのです。

また感受性が強すぎて、逆境の時に神経過敏になり、涙腺が緩みっぱなしになるようなこともある、デリケートで優しい一面を備えた人でもあります。

フォーマルハウトと生い立ち

このゾーンからは、一人っ子が多く出ます。一人っ子でない場合でも、他の兄妹姉妹とはなぜか、馴染めない面があるようです。ケンカがちというほどではありませんが、親密な間柄ではなく、お互いの悩みを相談し合うようなことはありません。そのためたとえ兄妹姉妹がいても、精神的には一人っ子同様に育ちます。

また、仲がよい兄妹姉妹とは離れて暮らすことになったり、あるケンカがきっかけで、その後、何年も口をきかないといった関係になることもあります。

両親は典型的な親ばかが多く、あなたを異常なほどかわいがる傾向があります。

このゾーンの人は、一時的に親元を離れて暮らすことが多いのですが、(寮生活を送ったり、夫婦共働きで鍵っ子的な幼少期を過ごすなど)それが、あなたを不憫に思う気持ちを刺激し、かえって溺愛するようになるのです。

親子関係はあなたがいくつになっても変わらずに平和で、断絶状態になることはありません。特に母親との関係は理想的でしょう。

家柄はよい方で、少なくとも経済的には不自由のない家庭で育ちます。

もし貧しい場合でも昔、よい家柄が没落していたりでプライドは持ち続けるため、品のよさが漂う人に成長します。

また、祖母か親類の人に、特別に可愛がられることも多く、養子にもらいたいといった話が飛び出すことがあります。

愛　数多くの恋を体験する宿命。ドラマチックで感傷的な恋です

フォーマルハウトに誕生点を持つ人は、波乱含みの愛情運を持っています。あなたには数多くの恋を体験する宿命があります。激しく情熱的な恋愛を、最低3回は体験します。それが未婚時代に訪れれば問題はないのですが、1〜2回の恋愛関係で結婚へ至った時は、結婚後に新たな異性関係が芽生えやすく、離婚や別居の可能性があります。

恋愛におけるあなたの姿勢は、ドラマチックで感傷的で、いったん好きになれば、身も心も男性に捧げます。そのうえ、とても情熱的ですから、あなたの恋は、そのどれもが生涯に残るような思い出深いものになるでしょう。しかし、真剣に愛

しすぎるため、常に相手のことが頭から離れないで取りこし苦労をし、精神を消耗することが多いようです。

例えば、相手の言ったちょっとしたことが気にかかり出すと、そのことが頭から離れないで、あでもない、こうでもないと、何日も考え込んでしまうことはありませんか？

それだけ愛に真剣なわけで、ひとたび心が通い合えば、再び幸福をかみしめられるという具合で、喜びと不安を常に上下しているボールのような愛の宿命を持っていると言えます。

あなたのおもしろい点は、例えば恋人ができると、家族や用事をほったらかしにして、恋人一辺倒の生活を送ることですが、それでいて家族との間に決して溝を作らないことです。深夜の帰宅の言い訳も、上手だったりします。

家族の目の届かぬところで何をしていても、決して信頼を失わない要領のよさがあるのです。クリクリっとした可愛い瞳で言われると、どんなに見え透いた言い訳でも、つい疑う気になれなくなってしまうためです。そんな小悪魔的なところもフォーマルハウトの女性の持つ、魅力の一部と言えるでしょう。

恋の傾向

「水辺」で生じる恋がきっかけに

あなたの恋は、海か湖か川か、とにかく水辺で生じることが多いのです。フォーマルハウトはもともとが、水と深い関係にある星で、この生まれの人が水産関係の株などを買うと、よく儲かることがありますが、恋においても「水」が幸運をもたらしてくれます。海で芽生える愛や湖での出会い、夜半のボート置き場で、体を温め合いながら語り明かす朝もあるでしょう。片思いの悩みを解消してくれるのも、水辺での事件がきっかけになるのです。

そこで、大事なデートや起死回生のためのデートでは、水辺を利用してください。特に魚釣りは絶好のチャンスです。魚釣りには無から有を生み出すという人間の奥深い心理に直結したイメージがあるので、あなたの潜在した愛を成就させるのです。

その他、イルカ、海鳴り、泥沼に咲く蓮、水鳥の巣、と言った言葉にも愛を成就させる不思議な力があります。

これらの言葉を、恋人や愛する異性に対して、ふとした折に言うことから、思わぬ幸運をつかむ場合があります。

恋の弱点

好きな人の前だと声や体が震えてしまう

フォーマルハウトの人は、好きな異性のそばに行くと、声が震えたり体が震えたりして、何となく態度がぎこちなくなることがあります。友だちと話したりしている時は何ともないのに、好きな異性のそばに行くと、途端にダメになってしまうのです。

これはあなたが、異性に対して完璧な自分を見せようとするために起こる精神の現象です。

家族や親しい人の前だとぎこちなくならないの

は、家族や親しい人はすでに、あなたのよいところも悪いところもすべて知っているので、あなたとしても、ことさらよく見せる必要がないからです。

しかし、愛する異性の前では、何とかいい自分を見せようとするために、つい力んで、ありのままの自分がそれについていけず、苦しくなるわけです。

解消法としては、自分の失敗談やコンプレックスなどを、異性に隠さずに語ることです。そうすることで素直な気持ちが芽生え、必要以上に自分をよく見せようとしなくなるでしょう。

人生 進行点との関係から見た人生
特技や芸術性を磨きながら、スペシャリストとして生きる人生

将来の傾向

進行点が、恒星ベイテンカイス4／12に来た年に、フォーマルハウトの人は、気をつけなければなりません。この年に運勢の逆転が訪れやすいからです。今までの幸運を一挙に失ったり、持っているものを失うことが起こります。

ただし、それまで不幸だった人にとっては、苦しみの解除になります。

これ以外では、フォーマルハウトの人の危険年はそう目立ってありません。もともとが幸運な生まれなので、最悪の事態に陥らずにすむからです。

逆に幸運年は多く、恒星アルゲニブ3/30、アルフェラッツ4/5、ミラク4/20、ミラ4/21、アルマク5/4、に進行点が来た年は、愛情面と社会的両面で大きな幸運に見舞われます。

特にあなたの生運数の周期と進行点の年が重なったとしたら、信じられないような幸運を手にすることができます。外国で突然、有名になる人もいます。

結婚の時期

進行点が恒星アケルナル3/7、恒星マーカブ3/15、恒星アルゲニブ3/30、恒星アルフェラッツ4/5、恒星ミラク4/20、恒星ミラ4/21、にきた年が結婚のチャンス年です。特に恒星マーカブ3/15に来た年は、必ず将来の大物と結婚することができます。また恒星ミラク4/20、ミラ4/21の年の結婚は、相手のほうが年下かまたは再婚であるかもしれません。結婚後に進行点がミラクかミラに来た年は、あなたの心に浮気心が芽生え、ふとした出会いから許されぬ愛が進展する可能性があります。

進行点がディフダ3/23に来た年の結婚は、最初は華やかに見える楽しい暮らしぶりですが、時の流れと共に、退廃的な結婚生活に変わり、期待は裏切られます。

仕事運

孤独の星フォーマルハウトは、なかなか人に打ち解けることができない性格をあなたに与えますが、(ただし外見からはそうは見えません)その分、感性やセンスが異常に発達して、あらゆる創造的な世界で成功する能力を同時に授けます。小説家、音楽家、役者、俳優、イラストレーター、デザイナーといった職業における一流の素質を秘めていることは確かで、努力すれば成功できます。

特に進行点が恒星マーカブ3／15、恒星シャート3／19、恒星アルフェラッツ4／5に来た年がチャンスで、名乗りを上げることができるでしょう。

また芸術以外の方面でも、一人で取り組む職業なら成功する場合が多いのです。会社や組織の複雑な人間関係の中では、あなたの繊細な神経は消耗しやすく、能力を発揮する前に疲れきってしまう可能性があります。ただ、上司運がよいので、会社の中での出世運は十分にあります。

健康

フォーマルハウトの人は、基本的には丈夫な体質ですが、乱れた生活習慣がつきやすく、衛生観念の乏しさと相まって病変をきたすことがあります。とくに不摂生と怠惰から血行障害が原因で、まぶたや耳、鼻など粘膜質や肌の弱い部分によく炎症を起こします。また精神作用が体調に大きく影響し、失恋などのショックの後で、炎症を起こしたり、目の疲れを訴えるようになります。

これらの症状については規則正しい生活と体をいたわりすぎないこと。かえって体を動かすことによって、たちまち回復できます。

最も注意したいのは呼吸器の障害です。フォーマルハウトの人が一度呼吸器の病気にかかると大病に発生しやすいのです。日頃から風邪をひかかないように、また悪化させない工夫が必要です。悪い姿勢は、呼吸器に影響を及ぼします。

フォーマルハウトの人にとって、何よりも大切なのは新鮮な空気。早朝の空気を胸いっぱい吸い込む風習をつけるだけで、あらゆる病魔を防ぐことができるでしょう。なお、フォーマルハウトの人の喫煙は、必ず口臭を招くことになり、胃の不快感も現れるので、喫煙の習慣をつけないこと。

アドバイス

フォーマルハウトは風のない星であるところから、音が伝わりにくいと言えます。その影響を受けて、この生まれの人は、黙っている時の姿のほうが人を惹きつけます。パーティーでおとなしくしていると、素敵な人と巡り合えます。

関係　生運数との関係　他の星座ゾーンとの相性

生運数との関係

フォーマルハウトゾーンと生運数の関係は次のようになっています。

1の人　1の持つ運勢の強さはフォーマルハウトのデリカシーに合わず、ハプニングの多い生涯になります。

2の人　一生涯を通して幸福な母親との関係、恵まれた住居、楽しい旅行運（旅先での恋も）などを与えます。

3の人　進行点が恒星アルゲニブ3／30に来た年に、大きな幸運をつかむ人です。それが40代なら

フォーマルハウトゾーン

財を成す運命。

4の人　ばか正直なあなたは、若い頃は損をすることのほうが多いでしょうが、20代後半で一躍浮上する運が。

5の人　あなたの華やかさがなぜかフォーマルハウトに嫌われ、進行点がゾーンにいる間は家庭問題で悩みます。

6の人　安定した生涯を送れます。友情、愛、金運、健康、結婚とどれも平均以上の幸運です。アレルギーで悩みそう。

7の人　金運と芸術的才能を与えられています。10代から才能を認められて活躍する場合も。晩年運もよい。

8の人　あらゆる長期計画の実現をもたらしてくれます。あなたがじっくり計画したことはすべて実現します。

9の人　あなたの無頓着なところがフォーマルハウトに嫌われ、災難に見舞われることがあります。金運は良好。

他の星座ゾーンとの相性

フォーマルハウトゾーンの人は、シリウスゾーンとよい相性で、特に恒星カペラ6／13前後、恒星ペテルギウス6／20前後を誕生点に持つ人と、一度は深い恋愛関係になるかもしれません。また、アッセライゾーンにある恒星アルファルド8／21前後を誕生点に持つ人とは、この星がフォーマルハウトと同様、孤独の星であるところから、美しい友情関係を結ぶ宿命にあります。その他アンタレスゾーンの同性とはよく気が合うでしょう。

アンドロメダゾーン「鏡の星」

誕生点

3/20~4/28の人

★星の概要

アンドロメダは恒星ではありません。無数の星が集まってできた星雲です。この星雲は私たちの住む銀河系の中ではなく、もっと遠くにあって私たちの銀河系と同じような家を作っています。系外星雲 M 31が正式名称です。

♣影響力

3月20日から4月28日に誕生点を持つ人は、銀河アンドロメダの宿命波を受けて生まれました。銀河アンドロメダは、9大恒星のうちでも影響力の強いほうで、このゾーンに生まれた人は、よい意味でも悪い意味でも波乱に富んだ人生を送ることになります。

星語 恒物 アンドロメダ姫と英雄ペルセウス

銀河系とよく似たアンドロメダ星雲は、高慢、貪欲、数奇な運命、勇者の一面など複雑な要素を秘めている星雲なのです。

銀河アンドロメダは、メシア31といって私たちの銀河系（アウア・ギャラクシー）の外にある銀河系宇宙（アザー・ギャラクシー）です。

銀河アンドロメダは、およそ200万光年の彼方にあって、私たちの銀河の構造と、たいへん似ていると考えられています。

地球からこの銀河を見ますと、ちょうどアンドロメダ座の中に見ることができます。銀河はすべて星の集まりですが、ぼーっと広がる雲のように見えるので、星雲と呼ばれ、横綱格であるこの系外星雲は、一般に「アンドロメダ大星雲」と呼ばれています。

銀河アンドロメダが位置するアンドロメダ座には、おもしろい神話があります。

アンドロメダはカシオペアの娘で、エチオピアの美しい姫でしたが、母が自分の器量を自慢して、「海の妖精も私の美しさにはかなうまい」と言ったため、海神の怒りを買ってしまいました。美しいアンドロメダ姫は哀れにも、お化けクジラに食べられる人身御供《ひとみごくう》となってしまったのです。

アンドロメダ姫は、裸にされて海辺の大岩に両手をつながれ、生きた心地もしませんでした。しばらくすると、真っ黒なお化けクジラが、白い泡を飛ばしながら海から現れてきました。クジラは姫を見つけると、ぱっくりと大きな口を開けて飲み込もうと近づいてきます。もう絶体絶命。

まさにクジラが姫を飲み込もうとしたその瞬間、そこに天馬ペガサスにまたがった英雄ペルセウスが現れてくるのです。「待て！」とばかり、ペルセウスは短剣を素早く抜くと、お化けクジラめがけてひと突き。お化けクジラはたまらず、バタリと波間に倒れてしまいました。

こうして美しいアンドロメダ姫はペルセウスに救われ、ペルセウスの妻となってギリシアへ渡って行ったのです。

こうした英雄物語がアンドロメダ座に伝えられています。今でも空を見上げると、アンドロメダ、ペルセウス、ペガサス、クジラ、カシオペア各座が隣り合っていて、この時の模様を夜空に再現することができます。

ところで、アンドロメダゾーンに生まれた人にも、この話にみられるような英雄的な性格があります。しかしアンドロメダゾーンはさまざまな要素の入り混じった複雑な宿命域で、英雄の一面に加え、この話に登場したあらゆる要素が含まれているのです。

そしてこのゾーンに生まれたあなたの中にも、高慢なカシオペアとしての一面、貪欲なクジラとしての一面、アンドロメダ姫の数奇な運命としての一面、そして、これらを最終的に克服し、統合する勇者ペルセウスの一面が秘められているのです。

あなたの人生は、まさに旅のようなもので、荒れ狂う自分の運命をいかにペルセウスの剣によって克服し、統合していくかの道程と言えるのです。

200万光年の彼方に浮かぶ銀河アンドロメダは、私たちの銀河とたいへん似ていると言われますが、そこにはもう一つの地球があって、あなたと同じもう一人のあなたが暮らしているのかもしれません。

そしてもう一人のあなたと今のあなたが一つに合わさった時、勇者ペルセウスが天から飛び降りて姫を救ったのと同じように、あなたの人生もその目的を果たすのです。

宿命 もう一人の自分を求める「鏡の星」

過去世

その昔、あなたはアンドロメダ星雲に住んでいたことがあります。それはまだアンドロメダと今の私たちの銀河系宇宙が同じ空間にあった頃の話です。この二つの銀河は、元は一つだったのです。（宿命恒星占星術では象徴的にそう考えます）

一つだった頃のアンドロメダは、まるで楽園のような楽しい世界でした。

しかし神様はそれに飽き足らず、アンドロメダを二つに分けようと考えました。そして銀河の大きさと同じ鏡をアンドロメダの近くに置かれました。その鏡の中には無数の星が輝き、それは美しい光景でした。あれがアンドロメダの姿？　とあなたはため息混じりで眺めると、その輝きの中にもう一人のあなたの姿が見えてきました。「あっ、あそこにも私が」と思った瞬間、鏡はものすごい速さで宇宙の彼方に飛んでいってしまいました。

こうして一つの銀河は二つに分けられたのです。アンドロメダに残されたあなたは、それ以来、胸にポッカリ穴が開いたような感じになって、理由もなく満たされない気持ちで暮らすようになりました。

今でも時々襲ってくる落胆や虚しい気持ちは、その時の前世の記憶が原因しているのです。しかしもう一つの銀河に行けば、もう一人の自分に会えるという期待もあなたの心の奥底に深く息づいています。落胆してもすぐに立ち直る希望にあふれた性格は、こうして作られていったのです。

現世

二つに分かたれたアンドロメダの前世体験を持つあなたは、現世に生まれ変わっても、時に空虚で不満足感を抱く人になってしまいました。そのためひとりぼっちになると、自分自身がとても頼りなく感じられて、どうしようもない落ち込みを感じることがあります。一人でじっとしていることができないで、テレビやラジオをつけたり、気の合う友だちに電話したりしますが、それだけでは満足感が得られないので、何でもいいから何かに熱中しようとします。

そして趣味やスポーツに自分の生きがいを見つ

けたりしますが、長続きしない場合が多く、次から次に熱中する対象を変えていくでしょう。何か新しいもので夢中になれるものを見つけると、これだと思って全力で取り組むのですが、最初のうちだけです。一つの壁にぶつかると今までの熱意は急速に冷めていき、気分も消沈していくことが多いようです。

こうして現世でのあなたは、もう一人の自分を求める原動力に突き動かされて、いろいろなことに取り組みますが、目標が次々に変わっていくので、非常に波乱に富んだ生涯を送りやすくなります。そして、いつまでもロマンの心を失うことがありません。

未来世

あなたの将来は、とてもユニークなものになります。何か運命的な力が動いたとしか思えないような奇跡と縁があり、知らないうちに幸運の絶頂に上りつめたり、たちまち有名になったりする可能性が強いのです。

幸運のきっかけは、本当につまらないことです。映画を見て感動し、自分もああいう生き方をしようと思ったりすると、知らないうちにそうなってしまうのです。映画に限らず本でも、尊敬する人との出会いでも、何か感動したことをきっかけにして、自分をいつの間にか夢に見た情景と同じように持っていけます。

これはあなたの頭の中に、物事をイメージ化する能力があるために起こる奇跡で、頭に思い描いた未来を勝ち取ることができるのです。ですからあなたの場合、心の中で確信したことは必ず起ると思って間違いありません。ただし悪いことを考えたら、悪いことが起こります。

あなたが将来、幸福になるためには、常に心に希望を描き、物事をよい方に、よい方に解釈していくことに尽きます。

これは同時に想像力を刺激しますので、あなたは劇作家や映画監督としての才能も秘めていることにもなります。そのような職業につかなかったとしても、自分の人生を演出する才能を持っているわけです。これはたいへんな強み。さっそくあなたの希望とする人生のドラマを、感動を持ってイメージ化することをおすすめします。それによってあなたの将来が決まるからです。

性格　正義感の強い正直者。学問好きで冷たい印象を持つ

アンドロメダゾーンに生まれた人は、間違いなく正直な人です。人に対しても自分に対しても正直なので、考えていることがすぐ顔に出て、人にわかってしまいます。周りの人からよく図星を指されてびっくりすることがありますが、全部、顔に表れているのです。正直ということは、それだけ正義感の強いことですから、あなたはずる賢い人間をとても嫌います。

しかし世の中には、性格が弱いために、ついついずる賢い生き方をしてしまう人が大勢います。あなたはそういう友人などを見て、最初はムカッとしますが、だんだんとそういう人たちが気の毒

に感じられてくるでしょう。そしてあなたは、せめて自分だけは何があっても正直に、堂々と生きていこうと考えるのです。こうして人間として高貴な生き方を実践していこうとするのが、アンドロメダゾーン生まれの共通した特徴と言えます。

もう一つのあなたの特徴は、学問好きなことです。ただし学校の勉強ではなく、自分の気に入った学問的研究を怠らないということです。学校の成績は落ちない程度にギリギリの努力しかしませんが、個人的に好きな学問になると、学校以外の資料なども集め、生涯にわたって研究する場合が多いようです。

このように正直と学級肌と合わさったあなたは、一見、冷たい印象に受け取られることがあります。特に神経質そうに見られて損をする場合が多いので、奥歯をかみしめる癖などはやめた方がよいでしょう。

またアンドロメダの人は姿勢がよいので、比較的大人びて見られます。これは長所です。鶴の一声で決める威厳を、若くして備えた人と言えます。

アンドロメダと生い立ち

アンドロメダに誕生点を持つと、家柄のよい家に生まれます。系譜を遡ると、子爵や伯爵であったり、かなり由緒ある家柄であることが多いのです。またあなたの祖父にあたる人がとても偉い人であったのかもしれません。

こうした由緒ある家庭環境を通して、あなたの中にも知らず知らずのうちに貴族的なムードが養われていくことになります。子どもの頃から、一流レストランや劇場に出入りしたり、家族の知人の有名人に遊んでもらいながら、華やかな大人の世界を垣間見たこともあるでしょう。

しかし両親は教育熱心で、もしあなたに兄妹姉妹がいるとしたら、勉強の競争をさせるように仕向け、家庭は一種のギムナジウム的な雰囲気を漂わせるようになるかもしれません。

あなたは決して勉強が嫌いというわけではないのですが、目的もなく、テストのためだけに勉強をするのが嫌で、本当に興味を持った学問なら別ですが、しだいに勉強への競争意欲をなくしていくでしょう。そして子どもながらに、自分をもっと興奮させるもの、熱中できるものを求めて、やがて単なる「よい子」から脱皮し、自主性を獲得していくようです。

こうしたあなたの成長を、両親は最初、困った顔で見つめますが、徐々に個性として認めてくれるようになり、こうして由緒ある良家に、一人の異端児が生まれることになるのです。

親類中のほとんどが銀行や官公庁に勤める賢い家系の中にあって、一人あなただけが芸術家になるとか、自ら事業の冒険に乗り出すといった英雄的異端児の出現です。

しかしそれでいて両親や家族、兄弟との関係は、それぞれの生きる道は違っても理想的な形で続き、特に兄妹姉妹間の助け合い精神は、涙ぐましいほどの美しさと力強さを秘めています。

こうして家族全員があなたの生き方を理解してくれるようになりますが、特に祖父はあなたのよき理解者になってくれます。

愛 情熱的であると同時にプラトニック。男性の生き方に関心を持つ愛

アンドロメダに誕生点を持つ人は、異性の好き嫌いがはっきりしていて、どちらかといえば、プラトニックラブを愛します。

アンドロメダの人は情熱的ですが、同時に愛に関して、恥ずかしがり屋でもあるため、心の情熱をストレートにぶつけることができません。すごく好きなのに、ちょっとでも壁や障害があると、つい尻込みをしてしまい、プラトニックラブ以上に発展することができないのです。心の中では何とかしようと思うのですが、好きな人の前に出ると、つまらない冗談などで話をぼかしてしまう自分を情けなく感じます。

あなたの恋愛回数はそう多くはありませんが、ひとたび心が通じ合うと、遊び半分ではいられないので、どうしても真剣な恋になっていきます。恋人ができると、ほとんど毎日顔をあわせなくては気がすまず、それが無理な時は、何回も連絡を取り合ったりして愛を確認し合います。

どこへ行くのも一緒で、周囲の評判になるのも早いでしょう。あなた自身、自分の恋人のことを、友人や家族などにあれこれ自慢をするのが好きで、渋々ながら周囲も公認のカップルとして、やがて祝福するようになっていきます。

恋愛におけるあなたの姿勢は、男性の生き方に関心を持つ点が顕著です。愛してさえくれれば、彼がどこでどのように暮らしているか、そんなことはどうでもいい、と考える女性が多い中で、あ

なたは彼の進路のこと彼の会社での出来事などについて、いろいろと相談にのってあげたり、力になってあげようと努力します。

あなたの愛は、ただ彼を愛することにとどまらず、二人の生活を作っていこうとする力強さにあふれているのです。

恋の傾向

別離の悲劇を経験する傾向が

分かれたアンドロメダの悲劇を、あなたの恋にもその影響を及ぼしてきます。自分の意志ではなく、神様の考えによって分裂させられたアンドロメダ。その前世の宿縁が動いて、愛する人と、やむにやまれぬ事情で、離れ離れにされることがあります。それは結婚を約束した人か、死ぬほど好きになって、密かに結婚を決意した相手です。分裂の悲劇を防ぐ方法は、そう多くはありません。しかし悲劇を予知する方法はあります。

あなたが使用している鏡が破れたら、別離の予告と受け取ってください。特にその鏡が彼からのプレゼントであるなら、二人の関係は重大な危機を迎えます。鏡が割れてから三日間は、なるべく恋人に会わない方がよく、割れた鏡はすぐに始末することです。また割れた鏡には決してあなたを映さないでほしいのです。

もう一つの予知方法は、水辺に二人の姿が映った時に突風が吹き、その像が波紋にゆれて二人の姿を隠した時です。このようなことが起きたら、それから三日間は、言葉に極力注意しましょう。

では次に、恋が始まる予兆についてです。カーテンの木漏れ日や、突然の光などとにかく眩しい反射によって朝、目を覚ましたら、新しい愛が近づいています。それが旅先でのことなら、かなり期待できます。

恋の弱点

恋と友情を両立させることが難しい

あなたは恋をしたり、交際する人ができると、なぜか友人を失うことになったという経験はないでしょうか。長年の親友と別れてしまったり、グループから何となく仲間はずれにされたり。あなたの方にこれといった落ち度はないのに、恋と友情が両立しにくいのです。これは恋人の友人とあなたとの関係においても言えることです。

恋人の友人と親しくなるのはよいのですが、そのことを恋人に誤解されて大ケンカに発展することがあります。

また逆の場合では、あなたが彼の親友のことを悪く言ったり男同士の友情で外出の多い彼をとがめたりした結果、それ以来、彼はあなたに連絡をしなくなることがあります。友情と愛の両立はこれからのあなたの課題です。

人生

進行点との関係から見た人生

結婚してから仕事や社会的に活躍。
上司に認められるが、同僚は敵味方に分裂

将来の傾向

あなたの人生には大きく二つの転機があり、それをどう乗り越えるかによって、実り多き人生かそうでないかが決まります。

まず第1の転機は、進行点が恒星ミラ（4/21）か、恒星アルゴル（5/18）に来た年になります。1回目の転機は、「貧富逆転現象」を伴う物質的な転機で、金運や社会的地位や名誉が大きく変化し、特に貧富の大逆転が起こります。それまで経済的に貧しかった人は豊かになり、その反対もあり得ます。特にアルゴルに来た年は、大金持ちから一挙に没落することもある危険年です。

アンドロメダの人は、この第1の転機によって、物質や金銭のみで生きることの無意味を知り、もっと有意義な人生を求め始めます。そして第2の転機を迎えます。

進行点がプレアデス星団（5/21）、または恒星リゲル（6/7）、に来た年で、この年にアンドロメダの人は、分かたれたもう一つの心と出会い、深い人生の喜びを知るのです。

結婚の時期

①進行点から見る結婚時期　進行点が銀河アンドロメダ（4/17）、恒星ミラ（4/21）、恒星シェラトン（4/14）、恒星ハマール（4/28）恒星メンカー（5/5）に来た年は、幸福な結婚することができます。

逆に恒星ベイテンカイトス（4/12）の年の結婚は、自由を奪われる可能性が強く、不和のもとです。プレアデス（5/21）での結婚はとても誠実なよい結婚ですが、配偶者と別れて暮らさねばならない事情が出てきます。

②結婚の予兆　夜中によく目が覚めるようにな

ると、結婚が近づいています。またスカートの丈など自分の手で縫い直すような時も、結婚の予兆。欠けた湯のみ茶碗を捨てないで使い続ける時は、いつ結婚してもよいと思っている時です。

仕事運

一般的に女性と仕事との関係は、結婚で立ち消えになったり、結婚した後、縮小傾向に向かうものですが、あなたの場合は全く逆です。結婚してからの方が、仕事や社会的にバリバリ活躍するようになるからです。あなたの本当の仕事運は、結婚後に訪れると考えてください。

職種としては、正義感の満足できるものが理想で、医学方面、法律関係の仕事、ジャーナリストとしても有望です。どの仕事についても、それなりに努力するので、直属の上司に認められて成長しますが、同僚は敵味方にはっきり分かれてしまうようです。あなたの貴族的な冷たさが、お高くとまっているように見られて、敵や反対者を作りやすいからです。25歳頃までは職業を転々と変えますが、それ以降は安定します。祖父の仕事を譲り受けて、大成功する人もいます。

健康

アンドロメダの人は、丈夫な肉体の持ち主です。特別に健康法を実践するわけでもないのですが、かなりの年までいっても体力の衰えを感じません。体質的には、交感神経の動きが活発な活動に適した体質と言えます。しかしその分、神経系統に無理が重なりやすく、規則正しい生活を心がけないと、イライラが高じてきます。なお物忘れが激しくなったら、病気の赤信号です。アンドロメダの人は病気になる前に必ず物忘れをします。

また進行点が恒星アルゴル（5／18）に来た年は、風邪から大病へ発展しやすいので注意してください。アルゴルに来た年さえ注意すれば、大病とはほとんど縁がありません。

また若い頃から体が弱く、腺病質の人が時々この生まれにいますが、進行点が恒星メンカー（5／5）に来た年の荒治療が功を奏し、健康体を獲得していけます。肉体の甘やかしは禁物です。

アドバイス

アンドロメダの人は、つらい悲しいことに出会っても、あまり周囲から同情されません。そのため自分は愛されていないのでは、とやけになりがちです。しかし、それは誤解です。自分が逆境の時には、同じく逆境の人を助けてあげてください。そうすればスランプから必ず脱却でき、驚くような幸運を手にすることができます。幸運の鍵は2、水曜日、コップ、11日、22日、コントラスト効果のあるもの。

関係　生運数との関係　他の星座ゾーンとの相性

生運数との関係

吉凶の極端な宿命域で、主に生運数で決まります。

1の人　アンドロメダの強運の部分を受け取り、

実業家として成功したり、有名に。結婚は慎重に。

2の人　弱気や疑い深さが災いし、チャンスを逃しがち。デネブゾーンの人と協力して成功する運。

3の人　感情の起伏が激しい人で、演劇や舞台関係で成功します。魅力的ですが、恋では悩み通し。

4の人　責任感と粘り強さでどんなことも成し遂げる。20代でビッグチャンスに恵まれ後は一直線。

5の人　挫折の宿命が25歳頃まで続きます。能力がありすぎ空回りするのが原因。芸術活動は吉。

6の人　一見無口ですが、しゃべり出すと止まらない人。その他でもやり出すと止まらず、駆け落ち結婚や留学体験と縁が。

7の人　頭がよく、文学的才能あり。人の相談相手になるのが好きだが、自分の悩みは言わない。

8の人　悲しそうな顔つき。異性からはもてる。恵まれた結婚。子どもが母親の危機を救う。

9の人　大成功運の持ち主。負けず嫌いで10代では精神的苦労が絶えない。年下の男性と縁がある幸福な恋愛運。

他の星座ゾーンとの相性

アンドロメダゾーンの人は、アッセライゾーン（7／21～8／29）、の人とよい相性で、特に恒星レグルス（8／21～8／25）、恒星アルファルド（8／19～8／23）の人と宿命的な因縁で結ばれています。またあなたの誕生点の正反対に誕生点を持つ人とも相性がよく、特に恋愛関係に進みやすいでしょう。

例　あなたの誕生点が5／2なら、6か月をプラスした同じく2日の人で、11／2の人とよい相性に。

プレアデスゾーン「涙の星」

誕生点
4/29〜6/9の人

★星の概要

プレアデスは散開星団M45で、日本名を「すばる」と言います。たいへん美しい星の集まりで、お正月の夜の9時頃ちょうど天頂に輝きます。じーっと見つめると、光がにじんでいるようになり、まるで泣いているように見えてきます。

♣影響力

4月29日から6月9日に誕生点を持つ人は、プレアデスの宿命波を受けて生まれました。プレアデスは9大恒星のうちでは影響力の弱い星ですが、宿命的な悲劇に縁がある星です。このゾーンに誕生点を持つと、悲しみの一時期を過ごすと言われます。

星物語 恒

7人姉妹の悲劇

7人姉妹の美しさに魅せられた大男オリオンは、5年間も姉妹を追い回した。姉妹はハトになって逃げたが……。

冬の夜空に美しく輝くプレアデスですが、プレアデスにまつわる話には、どれも悲しさが秘められています。

まずギリシア神話に登場してくるのは、美しい7人姉妹の話です。

美しい7人姉妹が、ある月の明るい晩に森で踊っていると、獅子の皮をまとった男オリオンが現れ、姉妹の美しさにたまらなくなって襲いかかろうとしました。7人は慌てて逃げましたが、オリオンが5年間も追い回すのに耐え切れず、アルテミスに頼んで鳩に変えてもらいました。

こうして7人の姉妹はやっとのことでオリオンから逃れましたが、それを不憫に思ったゼウスは、7羽の鳩を星の群に加え、プレアデス星団としたのです。

ただ美しかったために不幸であった7人の姉妹。プレアデスが夜空に滲んで見えるのも7人姉妹の涙のせいだと言われています。

これがセブンシスターズとして知られるプレアデスの話です。プレアデスの7人の姉妹は天を支えるアトラスの娘と言われ、緑なす大地への愛着が人一倍強いものがあったでしょう。なのに、鳩に姿を変えて逃げねばならなかったその悲しみは、計り知れなかったはずです。

やむなく父が支える天上に昇ってプレアデス星団になったものの、思いは常に父のいる緑の大地に向けられていたのではないでしょうか。

そのためか、大地の収穫の時期をプレアデスが私たちに教えようとします。

アテネの詩人はこう語ります。

「アトラスの娘たちプレアデス昇りつつあれば、収穫を始めよ。沈まんとする頃、耕作を始めよ。40の夜と昼、彼女らは隠れ、年のめぐるに連れて、再び現れる。その時は大鎌を磨くべし。これこそ野の掟なり」

天に昇ったプレアデスは、今でも大地への想いを募らせながら輝いているのです。しかし姉妹の望郷の思いは絶ちがたく、消えていった姉妹もあると言われます。

プレアデスにはその昔7つの星が輝いていたのですが、いつの頃からか、一つが流れ星になって消えていった、と各地で語られています。

しかし残された6つの星も、やがて、はかなく消えていかねばならない運命にあるのです。

青白く美しい光を放つこの星は、エネルギーの消費量が大きく、そんなに長くは輝いていることができないからです。

ゼウスの手によって最後にポツンと星に加えられたプレアデスは、宇宙の何一つ変わらないうちに、その輝きを終えていかねばなりません。

最も遅く来て、最も早く消えていくもの、それがプレアデスの宿命なのです。

清少納言は、そんなはかなさを知っていたのでしょうか。『枕草子』の中で「星は、すばる」と特別にプレアデスの美しさを称えています。

いずれにせよ、大地への思いで星にもなりきれなかった涙の星プレアデスは、消えゆく美しさにその身を燃焼させながら、今宵も私たちの頭上に輝いているのです。

宿命 不思議な因縁によって悲しみにさそわれる「涙の星」

過去世

プレアデスの神話にも見られるように、この宿命域に誕生点を持つ人の前世は、悲しみに満ちあふれたものです。

あなたは前世で、周囲から最大の祝福を受けて生まれました。というのは、あなたは将来、家長的な立場になる人で、親類中の誰からも一目置かれていたのです。容貌も年を追うごとに磨かれ、教養もたしなみも秀でたものになっていきました。

ご両親はたいへん満足に思い、会う人ごとに娘の成長を見せたくて仕方ありませんでした。お客様が屋敷へ訪れた晩は、必ず、「○○さんがお前の夜想曲をお聞きになりたいそうだよ」とピアノの前に引き出し、お茶の相手を務めさせるのでした。

このような深窓の人であるあなたに、世間の恐さが分かるはずがありません。

ある朝、目が覚めると、屋敷内は、叔父さん、叔母さんのヒステリックな声で、うずまっていました。「何事かしら？」不安になってもドアは開かず、あなたはそのまま幽閉されてしまいました。次々聞こえてくる父の悲鳴、そして母の悲鳴。屋敷は乗っ取られていたのです。父母を失ったあなたは、何も持たずに放り出され、悲しみの中で暮らしていくことになりました。

こうした、人の悪意によって悲しい運命を背負わされた前世体験は、今なおあなたの心に残り、ニコニコと媚びへつらって近寄ってくる強欲な人を見ると、たまらなく不愉快になってくるようになりました。

現世

プレアデスは決して幸運な宿命域ではなく、このゾーンに生まれた人は、かなり悲しい一時期を過ごさねばなりません。その一時期がいつ訪れるかは、プレアデスのデーク別に判断できます。4月29日～5月12日の人は、社会的な悲劇で成人後、5月13日～5月28日は愛情の悲劇で思春期から青年期、5月29日以後のプレアデスゾーンは、家庭的な悲劇で、幼少期に最も影響力を発揮します。

しかし、プレアデスが与える悲しみは一時的なもので、あなたの人生を駄目にしてしまうほどの威力は持ちません。しかし困ったことは、普通悪い出来事というのは、自分にもかなりの責任がある時に起こるものですが、プレアデスの場合は、そうでもないのです。不思議な因縁によって、悲しみに誘われていくようです。

しかしプレアデスには、多くの幸運もあります。まず金運に強い点です。あなたがふくよかな体つきなら、それだけでも確実にお金持ちになれます。

またクリエイティブなパワーに恵まれていて、それが仕事や愛情関係で、あなたを魅力的な存在にさせます。要するに一部の人を強力に惹きつける不思議なパワーを持っているのです。幸運と悲しみがわりと極端ですが、その分、思い上がることがなく、人間的な味わいが出てきて、運勢に好影響を与えます。

未来世

あなたの将来は大きく二つに大別できます。プレアデスは、決して笑いだけではその生涯を終わらせませんが、その代わりにあなたを物質的に大満足させるか、または人生の意義を悟らせます。このうち物質的な満足とは、現世のところでも述べたようにお金持ちになることです。そして人生の意味を悟るとは、人間的に深く成熟することで、どんなことが起きても生きる喜びをかみしめられる状態に至ることを指します。

プレアデス星団はボウディー・ターラ（悟りの星）と呼ばれ、この宿命に生まれた人は、悟りの品性を持っているのです。

花いじりが好きで、野辺に咲く花をそっと撫でてあげるようなあなたは、ボウディー・ターラを持っています。また鼻が敏感で、洗濯物を取り入れながらそれを鼻につけて香りを嗅ぐ癖がある人は、お金持ちになれます。両方に該当する人はどちらの可能性も高いと言えます。

あなたの将来で気をつけなくてはいけないことは、時折見せるあなたの否定的な感情です。わけのわからぬ怒りを時々感じることがあり、つい人にぶつけてしまいます。プレアデスの宿命的な悲劇が訪れるのはこんな時です。特に恐い動物の夢を見た後は、否定的な感情が高まっているので、人に対する言葉遣いに注意するようにしてください。

なお食欲が増進しすぎの時は、運勢が衰えている時に当たるので、冒険は禁物です。

性格　相手のことを完璧に理解しようとするまじめで誠実な性格

プレアデスゾーンに誕生点を持つあなたは、性格が二度変化します。一度目の変化は、好きな異性が訪れた時です。それまでのあなたは、何事にも無頓着で、行動も普通の人よりも遅く、少しのろまの印象を与えます。

しかしプライドはたいへん強いので、少しでも馬鹿にされたりすると、二度とその人とは口をきかなくなるような頑固なところを持っています。しかし恋をすると突然、自分のことを意識し始めるようになり、頑固さは消えていき、気を遣うようになるので体重も減り、やせていきます。

しかし、あなたにはすべての事柄を自分と同じ尺度で見つめるくせがあるため、友人や異性の行動がどうしても理解できずに悩むことが多いようです。これは当たり前のことなのですが、自分と他人とでは違うということがどうしてもわからないのです。ですから、あなたが人のことを考えて悩む時のパターンはいつも決まっていて、「なぜ」という疑問から始まります。

「なぜあの人はあのように言ったのかしら？」「な

ぜあの時、あんな態度をとったのかしら？」と不必要なことまでいちいち取り上げて、考えすぎてしまうようです。

あなたのそういう姿勢は、人に対する誠実な関心と言えますが、相手のことを完璧に理解しようとすれば逆に、失望が大きくなるのも当然です。はじめから自分と人は違う、ということを認めてかかれば、悩むこともなく、かえって相手の心が見えてくるのです。

しかし、本来がまじめなあなたは、どこまでも誠意を持って友人や異性と心を合わせようとするので、そのギャップによって傷つけられることが多くなります。それが第2の性格の転機で、一度、人間関係で傷つけられた心は、今度は人に対する防衛心になって現れます。

その結果、無理に豪傑を装ったり、必要以上に小心になってしまうなど、不自然な変化を見せますが、年齢とともに解消していくので心配いりません。

プレアデスと生い立ち

プレアデスに誕生点を持つ人は、長女に多く、その下に弟がいても両親は、プレアデスの子どもに家業を継がせたいと考えます。

他の子どもに比べて、あなたのことをえこひいきしているわけでもないのですが、なぜかあなたをずっとそばに置いておきたい気持ちにさせる、そういう親子関係の宿命を持って生まれてきました。

ですから両親の深い愛に見守られて育ちますので、家庭ではどうしてもわがままが出やすく、子どもの頃は、特に典型的な内弁慶になります。

家柄は名門が多く、と言っても古くからの由緒正しい家柄というより、町内一の大規模な商売を営んでいるとか、父親がＰＴＡ会長だったり、町会長であるなど、現世での頭のよさが見られる家柄という感じです。

物質的には何一つ不自由しないで育つことができ、子どもの頃に本物の宝石を両親に買ってもらえるような贅沢とも縁があります。

教育熱心な両親の理解によって、いろいろな習い事に子どもの頃から精を出しますが、そのうちの一つは生涯続き、プロ級の腕前になります。

親類縁者との交際も活発ですが、金銭問題の絡んだ、いざこざが起こりやすく、仲がよいようで実際は違う、という複雑な親類関係になります。

愛　本能的に男性を避ける愛の傾向。過去を懐かしむ愛です

プレアデスに誕生点を持つと、本能的に男性を避けるようになります。相手を「男性」として意識してしまうと、もう話をするのも顔を見るのも嫌になってしまいます。何となく感じのいい人だな、と密かに思っていた男性でも、急速に接近して来られると、たまらなく嫌で逃げ出してしまいます。若い頃なら誰にでもこういった傾向はあるでしょうが、あなたの場合は、かなり年を重ねても消えません。

そういうわけで、異性と接するチャンスはあっても、なかなか恋にまで発展しないのがあなたの愛の特徴です。当然、恋愛回数は少なく、最初の

熱烈な恋が結婚に結びつく可能性が高いといえます。ただし、第2デークにあたる5月13日～5月28日生まれの人は、プレアデスの影響と、5月18日点にある恒星アルゴルの影響を強く受けるので、最初の恋は、結婚に結びつきません。悲しい別れが待っている恋です。それもどちらが悪いというわけではなく、お互いがお互いのことを誤解しながら、二人で重大な結末（別れ）を演出してしまうのです。

プレアデスの女性の恋愛回数が少ないもう一つの理由に、過去を懐かしむ気持ちの強い点が挙げられます。プレアデスの人は、過去に好きになった人のことがなかなか忘れられず、楽しかった当時の思い出を、いろいろなものに結びつけて思い出す習慣があります。

「この定期入れば彼がくれたもの」「あのパイは彼とあそこで食べた」と関係するものを見るたびに過去を甦らせるので、現在を見ることができず、なかなか新しい恋のきっかけをつかめなくなってしまうのです。

もう少し現在を愛し、未来を見つめる勇気を持てば、素晴らしい愛に恵まれる生まれと言えます。

恋の傾向

慎重な恋。「踊る夢」が恋の予兆

あなたは恋に慎重な人で、将来、愛する人と深い関係になる時もさんざん考えあぐねます。そして心では決意しても、実際にその時が近づくといろいろな言い訳をして逃げたりします。特に前の恋人のことなどを蒸し返して気まずいムードを作ったり、過去を蒸し返して争いの種を蒔いたりします。

あなたが恋をする相手は、可愛げのある男の子で、少し甘えていて、愛だの恋だのあまり騒がない人です。あなたの方から母性的な愛情を感じていって、やがて恋に発展します。恋の前兆としては、小旅行に出かけることが恋のきっかけになるでしょう。

また恋の予兆として見逃せないのは、踊る夢を見た時です。

踊っているのはあなたでも他の人でも構いません。踊る夢を見た後のあなたは、愛のチャンスを受け入れる状態になっていることを暗示しています。

ただし、踊っているところをオリオンに見られて悲劇が始まった神話のように、同時に嫌いな男性からアプローチされる時期でもあります。

恋の弱点
すべてに対して気にしすぎます

プレアデスゾーンに生まれた人は、好きな男性の前に出ると緊張して何もしゃべれなくなってしまいます。自分が何かおかしなことを言ってしまうのではないかと、気にしすぎるために起こる精神現象です。特に初めての恋愛の時がそうです。

彼に何か質問されても、うまく答えることができずコンプレックスを感じてしまうことがあります。そして、あまり黙っているのもおかしいので、何とか話そうとしますが、今度は無理するために、どもってしまうような場合も出てきます。

しかしこのようなことは誰にでもよくあることなのです。気にしやすいプレアデスの人は、それをコンプレックスと受け取ってしまうから問題になるだけで、相手は全く気にしていないものです。

またプレアデスの女性は臭覚に敏感で、口臭がするのではないか、と必要以上に心配しますが、これも気にしすぎているだけで実際にはそのようなことはありません。もう少し自信を持って恋人にアタックしても大丈夫です。

人生 進行点との関係から見た人生

対人関係によって幸にも不幸にもなりやすい。センスを生かす人生を

将来の傾向

プレアデスに誕生点を持つ人は、あまり器用な生き方はできませんが、まじめに自分の人生を見つめるので、苦労や悲しみを経た末に大きく開運します。

あなたに人生の転機が訪れやすいのは、進行点がプレアデス5/21、恒星リゲル6/7、恒星カペラ6/13、恒星シリウス7/7、に来た年といえます。

特にリゲルかシリウスに来た年は最高で、完全な幸運体質を獲得することができます。幸運体質とは、幸運な波動のみを敏感にキャッチしながら行動できる体質のことで、やることなすことのすべてがよい方に出るのです。

プレアデスの人は、対人関係によって幸福にも不幸にもなりますが、進行点がカペラに来た年に、あなたの生涯の幸福と関係する重要な人物が現れます。その人は犬が大好きな人です。

結婚の時期

進行点から結婚の時期を見ると、次のようになります。

まず進行点が恒星リゲル6／7、恒星ベラトリックス6／12、恒星カペラ6／13、恒星ペテルギウス6／20に来た年が有望で、幸福な結婚することができます。恒星アルゴル5／18、恒星アルデバラン5／31、にも結婚のチャンスがありますが、その結婚は悲しみを招きます。

結婚に関して、全恒星の中で最凶と言われるのが、恒星アルゴルとアルデバランです。この結婚はすすめられません。結婚する前は本当に優しい男性ですが、結婚後に突然、暴力を振るい出すような夫と縁があるのです。それ以外の年では、特別な問題はありません。プレアデスの人は、結婚恐怖症になりやすく、いつまでも結婚をしぶりがちですが、結婚を契機に幸福な生涯を送りやすいので、私は結婚はした方がよいと思います。

仕事運

プレアデスゾーンに生まれた人は、派手に人目を惹きつける個性はありませんが、一度、目に留まると、不思議な魅力で相手を虜にしてしまう人です。そういう魔力が仕事面でも発揮されるので、あなたは人の心をつかむことによって、仕事で成功する可能性があります。

要するに派手にタレント性を振りまくのではなく、個別的に自分と有益な人物に接し、確実な人脈を広げていくことが大切です。

職種は一般のＯＬよりも、編集やデザイン関係など、センスのよさを生かせるものがよく、服飾、音楽、料理関係も有望です。

仕事運の強いプレアデスですが、結婚と仕事が両立できない宿命にあります。普通の会社員で共稼ぎ程度なら両立もできますが、専門職で仕事の比重が大きくなると、家庭と両立させるほどの器用さはあなたにはないのです。結婚後は、すっぱり仕事から手を引いた方が幸運です。

健康

やせすぎか太りすぎのプレアデスの人は、健康に要注意です。一般的な体型の場合は全く心配いりません。プレアデスの人は、夏と真冬に発病することが多く、寒さに震えた後、汗をかいた後が危険です。病気になる前に必ず目が潤んできますので、前兆を察知したらすぐに休養することです。

病気の種類としては、最も恐いのは腎臓の機能障害が挙げられます。これは風邪を引いた後に起こります。喉の痛みをバカにしてはいけません。特に進行点が、恒星アルゴル5／18に来た年が危険で、体の冷えから膀胱炎に注意が必要です。

また体重が急激に変化した時は、体の抵抗力が著しく衰えています。そんな時は海や山でのアクシデントに注意してください。特に誕生点に恒星メンカー5／3～5／7を持っている人は、空腹での泳ぎは致命的になります。

アドバイス

プレアデスの神話にあるように、プレアデスゾーンに生まれた人は、こよなく地上を愛する人です。プレアデスの人の幸運は、常に地上と関係しています。逆に地上とかけ離れた世界は危険です。足場の悪い場所や、ロッククライミングなどには十分な注意が必要です。また、あなたに幸運をもたらす人は、なぜかひげを生やしている場合が多いので、注目してください。

幸運の鍵は4、金曜日、きれいな石、21日、沼地。

関係　生運数との関係　他の星座ゾーンとの相性

生運数との関係

プレアデスの影響力は、あなたの生運数によってさまざまな変化を見せます。

1の人　生運数1は最強数で、プレアデスの悲運を受けることはありません。しかし、その分、人望も薄くなります。

2の人　迷いやすさが悲劇を増大させます。宗教家やお寺のお坊さんと友だちになると、運勢がよくなります。

3の人　子どもの飛ばした石やバットでけがをすることがあります。わがままな男性が好き。

4の人　男性運の薄いところが気になります。特技を持てば、それによって成功します。

5の人　波乱に満ちた生涯です。素晴らしい愛情を体験しますが、離婚運の強さが心配。大金持ちになれます。

6の人　優しさにつけこまれ損をすることの多い人生。3番目に好きになった男性と結婚するはず。

7の人　芸術的な才能がある美人です。人の羨む境遇を体験し、穏やかな人生を送ります。

8の人　愛する人と離れ離れにされたり、人に尽くしたのに何一つ報われない体験をしがち。ただし有名になる運があります。

9の人　男性的な人。異性には関心がなく煩わしく感じることが多い。政治の世界と縁があります。

他の星座ゾーンとの相性

プレアデスゾーンの人は、スピカゾーン8/30~10/20の人と相性がよく、特に恒星スピカ10/15~10/19、恒星アルクトゥールス10/16~10/20の人と宿命的な因縁で結ばれています。恒星スピカとプレアデス星団には、不思議な因縁があります。

二つの星は、大昔、同じ場所で誕生した姉妹星で、ある事情のため、離れ離れにされてしまいました。

今でもこの二人が出会うと、なぜか懐かしい気分がして、惹かれあっていくのもそのためなのです。

シリウスゾーン

「親しみの星」

誕生点
6/10〜
7/20の人

★星の概要

恒星シリウスは、マイナス1.5等星という全天一明るい星です。研ぎ澄まされた青白い輝きは、冬の夜空にひときわ目立ちます。シリウスは、おおいぬ座のアルファ星で、恒星プロキオン、恒星ベテルギウスと共に、冬の三角形を作っています。

♣影響力

6月10日〜7月20日に誕生点を持つ人は、シリウスゾーンに生まれています。恒星シリウスは優しい星で、この星の影響を受けると大きな不幸とは縁のない幸運な生涯を送れます。9大恒星の中でも一番安定性があり、生命力の強さも備えています。

星語 全天一明るい
恒物 おおいぬ

ヨーロッパでは「焼き焦がすもの」、中国では「天狼《てんろう》」と呼ばれたシリウスは、各地でさまざまな役割を果たしています。

恒星シリウスは、おおいぬ座の主星で全天一明るい星です。恒星シリウスが主星を務める、このおおいぬは、ギリシア神話に出てくるオリオンの猟犬です。おおいぬ座の足元にうさぎ座があるので、おおいぬは今、足元のうさぎを追いかけているところなのでしょう。

さてこの恒星シリウスは、明るくて目立つためでしょうか、各地でいろいろな呼び方をされています。まずシリウスの呼び名ですが、これは「焼き焦がすもの」という意味で、全天一の明るさからつけられた、というより、ヨーロッパでは真夏の日の出直前に昇るので、太陽がシリウスと共に昇る様子から、「焼き焦がすもの」の意味がつけられたようです。

ヨーロッパではその頃を「ドッグデイ」と言って、病気（夏負け？）にならないように注意する習慣が、今でも残っています。日本でいう土用の丑の日のようなものです。土用の丑も暑そうですが、真夏の日差しに照らされた大きな犬が、舌をだらりと下げてハァハァしている光景は、確かに想像するだけで暑く、ドッグデイとはよく言ったものです。

中国に行くとシリウスは、「天狼《てんろう》」と呼ばれています。獲物を狙って、暗闇の中でキラッと光る狼の目に例えたのでしょうか。ちょっぴり恐いイメージです。

しかしエジプトに行くと、今度は「ナイルの星」として大切に崇められます。これはシリウスによって、古代エジプト人は、ナイル川の氾濫を知ったからです。

このように全天一の最輝星シリウスは、各地でいろいろな呼ばれ方をしており、それぞれの地でさまざまな役割を果たしているのです。

ところで全天一明るいシリウスですが、実際の大きさは、直径にして太陽の2倍ほどで、それほど大きい星ではありません。ただ8.7光年と、かなり近くにあるため、明るく見えるのです。シリウスには不思議な秘密があって、とても可愛らしい伴星を伴っていることが発見されました。

しかもその伴星というのは、地球と同じくらいのミニミニ太陽なのに、何と表面温度は14800度もあり、質量は太陽ほどあるという代物です。シリウスの伴星から、1㎤を持ってきて地球で測ると、0.5トンに相当します。いわゆる白色矮星《わいせい》です。

白色矮星は恒星の末期の姿ですが、それがまだ若い恒星シリウスと、なぜ連なる星になったのか、全くミステリーなのです。

ともかくシリウスとその伴星は、仲良くぴったり寄り添って50年の周期で回りあっています。シリウスゾーンに生まれた人に、年齢差のある異性関係が多いのも、あるいはそのためでしょうか。

さて恒星シリウスには、特別に物語と呼べるほどのものはありませんが、私のリーディングによれば、次のような寓話が見られます。

寒い夜に買い物に行かされた娘が、お金を暗闇に落として困り果てていると、そこに狼がやってきて、娘のお金を見つけてあげた話です。

その狼は、実は娘が子どもの頃に、かかっていたわなから逃がしてやった狼だったのです。

このような報恩の物語が、シリウスにはいくつか見られるのです。

宿命 庶民的で安定した幸運を与える「親しみの星」

過去世

シリウスゾーンに誕生点を持つ人は、前世で結婚に関した苦い体験をしています。

前世でのある頃、あなたは良家のお嬢様でいましたが、王様の縁の人との間に婚儀が整い、もうすぐ結婚することになっていました。

深窓のあなたでしたので、それまでに恋をしたこともなく、ただ親が決めるままに、嫁ぐ覚悟でいたのです。そんなある夜、密かにあなたに想いを寄せていた家庭教師が、月の明かりを頼りに、寝所に忍び込んできました。そして強引に想いを遂げると「私はひと月後に外国へ旅立たねばなりません。あなたがどのような立場にいるか分かっていますが、私も命がけです」といい、「次の満月の夜に船着き場で待っている」と言い残して帰りました。

嘆きの夜は去ったものの、あなたの心は千々に乱れ、病を理由に寝込む日が続きました。婚約者からの病気見舞いや、王様からの特別の励ましが悩みをいっそう増大させる中で、間違いを犯した自分には、もう祝福された結婚などできないと早合点し、とうとう満月の夜に家を出てしまいました。

そして数年が過ぎ、男はだんだんと冷たい自分勝手な人柄に代わり、あなたを顧みなくなってきました。あなたはあの時の間違いを、恨めしく思わずにはいられないのでした。

こうした悲しい結婚の前世体験を持つあなたは、結婚相手の人選に厳しい人柄となって、現世に生まれ変わったのです。

現世

全天一の最も輝く星である恒星シリウスに守られたあなたの現世は、大きな不幸と縁のない生涯になります。生い立ちの面で、やや宿命的な不幸に見舞われる可能性はありますが、もしそうだとしても、他の面で必ず報われることになるので、長い目であなたの生涯を見れば間違いなく幸運が宣《つ》げられるのです。

どのような幸運があなたに訪れるかというと、まず、どのような境遇にあっても衣食住という最低限の生活力の保証が得られる点です。現代のように富んでいる時代では、衣食住の充足といっても、あまりありがたく感じられないかもしれませんが、いったん乱世になって物が不足すると、俄然シリウスの強みが出てきます。

現代社会はいつ破綻しても不思議でない危険な状態にあると言われますので、生活力に恵まれたシリウスの人の強みが、また発揮されることになるかもしれません。

その他では、人に助けられる運を持っていることです。血縁以外の人から家族同様の扱いを受けて、その人から社会的に発展するチャンスを受け取ります。

持って生まれた実力と生活力と人からの援助運が、うまい具合にミックスされて、人も羨む大発展、大幸運を得る生涯と言えるのです。とにかく全天一の幸運者ということができます。

未来世

シリウスのもたらす幸運は、年とともに強力となります。そしておもしろいことに、若い頃に不幸であった方が、その分の埋め合わせとでもいうのでしょうか、後になるほど大きな幸運が訪れてくるのです。

もちろんシリウスは、すべてに恵みを与える星ですから、生まれた時から死ぬ時まで恵まれた生涯を送る人も大勢います。

しかし片親で育ったとか、よそに預けられて育ったり、子どもの頃、病気がちだった人の将来は、必ず幸福になります。こういう人は、子どもながらに悩んだことが肥やしになって、いろいろな分野での実力を身につけるに至るのです。決して同じ失敗をしないようになるので、どのような分野に進んでも、いずれは頭角を現してくることになります。

シリウスの人は10代で悩み、20代で笑い、40代で悟ると言われます。普通なら笑いの絶えない最も楽しい10代と思えますが、シリウスの人の場合は逆で、傷つきやすい心のせいなのでしょうか、明るく笑いながらも、心では人知れず悩みを持ち続けていることが多いのです。

逆に20代は最も楽しい時期で、幸福な恋愛体験もこの年代です。ただし結婚は遅く30代になる場合もあります。

40代で悟るとは、あなた特有の生活方針や生き方が確立される年代で、どのような立場にあっても社会との関わりの中で自分を失わずに生活していけるようになることです。

悪い場合は図々しくなる人もいますが、ともかく安心の境地を確立し実り豊かな未来へ前進します。

性格　忠実で親しみやすい性格。本質的に幼児性を持っています

恒星シリウスは、別名ドッグスターと呼ばれるように、シリウスゾーンに生まれた人にも、犬のように忠実で親しみやすい性格を与えました。第一印象が冷たいように見られますが、これはあなたが用心深いためにそう見られるだけで、一度、

垣根が取れたら、あなたほど親しみやすい人もいません。あなたは人並み以上の教養と知性の持ち主ですが、そういったものを決して鼻にかけることがないので、相手を辱めるということをしません。これはあなたの長所で、弱者に対する思いやりに繋がるものです。

あなたの欠点は、本質的に幼児性を持っていることです。それがあるために可愛らしい女性にもなれるのですが、一面では大人になることを拒否する姿勢につながります。大人になるとは、あらゆる保護を離れて、現実社会に自分との関係を築いていくことを指しますが、あなたには、なかなかそれができません。

行き慣れない場所に一人で行くだけでも不安になるくらいですから、新しい慣れないことをしなければならないと思うと、胃が痛くなることもあります。

特に猫や犬や小動物を異常に可愛がる人は、人生に立ち向かうことを恐れ、小規模な自分の世界に柵を巡らして、こじんまりまとまってしまう傾向があります。少人数の安心できる友人を作り、その中だけで生きようとする姿勢は、せっかくのあなたの可能性と魅力を摘み取ることにもなるので注意してください。

とにかく全天一幸運な生まれで、すでに運命によってその安全が守られているあなたですから、ことさら自分で守る必要はなく、もっといろいろなことに目を向け、欲張って生活していく中から、より高度の幸運と出会うことができるでしょう。

シリウスと生い立ち

シリウスゾーンに誕生点を持つと、幼児期か子ども時代に恵まれない一時期を過ごしたかもしれません。片親で育ったり、よそに預けられたり、出生の秘密を持つ場合もあります。

また恵まれた環境に生まれたとしても、あなたの子ども時代に家が倒産したり、没落するなどの急変があって、今までいた大きな家から突然、小さな家に引っ越したりして、子どもながらに、この世のはかなさを胸に抱いたことがあるかもしれません。

その他、病気がちのために行きたかった遠足にも行けず、一人だけ取り残された寂しさが発端となって、学校生活が嫌になるなど、精神的な意味では複雑な幼年時代を送ってきたことでしょう。

シリウスは闇とあかりの星で、闇を照らす電灯のようなものです。そのため、この星の下に生まれると、闇（不遇）からあかり（幸運）を見つける宿命を持ちます。

ヘレンケラー（シリウス生まれ）が三重苦という文字通りの闇の中から光明を見出したように、シリウスの人の生い立ちにおける不幸も、将来の幸福を勝ち取るうえで、決して不利なものではないのです。

家族関係では、末っ子に生まれることが多く、兄妹姉妹や母親とは仲良しですが、なぜか父親とは折り合いが悪く、特に父親の酔った姿を見るとたまらなく嫌になって、離れて暮らしたいなどと、子どもらしくない考えを胸に抱いたことがあるかもしれません。

しかし、年と共に家族関係は落ち着き、あなたが20代になると、このうえなく理想的な親子関係、兄弟関係との関係が成立します。

また不思議なことですが、仲の悪かった兄弟姉妹との関係は、どちらかが結婚したのを契機に一転して、よいものになり、見事な協力関係がその後、成立します。

愛 最初の愛は悲恋に終わる宿命。命がけで愛し、相手にも誠意を求める愛

シリウスの人は、愛によって傷つきます。特に最初の恋は悲恋で、そのために男性恐怖症にかかってしまう人もいるほどです。あなたの恋には中途半端ということがなく、愛するとなると命がけで愛し抜くつもりですが、その分、相手にもそれだけの誠意を求めます。これはあなたが恋と結婚を、知らないうちに結びつけて考えるためで、恋人ができるとすぐにその人との結婚を心に思い描いてしまいます。そして未来の妻のつもりで世話を焼いたりするので、恋人の心に、責任に似た恐怖感を呼び起こすのです。

そのため逃げられたり、間隔をあけてつき合おうとされますが、すでに心に余裕のないあなたは、ヒステリックに恋人を問いつめたりして、事態を悪化させてしまいます。

このように愛を守ろうとして、かえってそれを失う悲恋が、一度目のあなたの恋です。

しかし、あなたは愛においても同じ失敗を二度

としませんから、その教訓を生かして二度目からは、男性の人間性を主体にして、恋人選びをするようになります。ルックスは二の次で、一見冷たく見えて本当は、心の温かい人と幸福な関係を作っていきます。

あなたは恋人ができてその人に心を許すと、なぜかおしゃれに気を使わなくなるようです。それはお互いの心の動きに全関心が注がれるためで、おしゃれのことにまで心が回らなくなるのです。そのため恋愛中からすでに所帯じみた印象を与えることがあります。風呂上がりの素顔につっかけ姿で、三つ揃えの彼に会うことも平気です。それはそれなりに、あなたの愛らしさとも言えるでしょう。

恋の傾向
語学と芸術に関連したことから起こります

あなたの恋は、語学と芸術に関連したことから起こります。どういうことかというと、例えば、語学や芸術関係の習い事の中で恋が芽生えたり、英語や音楽の話題が恋のきっかけになったり、また、それらの資料を借りたり貸したりすることから芽生えるのです。恋人ができないで悩んでいる人は、会社の文芸に関するサークルやコーラス活動、演劇、英語研究部などに入ってみることです。必ず恋の相手を見つけることができます。

社会人になってからは会社でのサークル活動やクラブ活動がこれにあたります。

シリウスの人には不思議な神秘力があって、自分の恋人になる人を直感的に見分けられます。それは初対面の時にピンとくるもので、いつもだと異性に対して内気なあなたなのに、最初から普通に話しかけられて楽しく話ができた人です。そういう人とは、未来に必ず恋愛関係が発展します。

シリウスの恋は、シリウスが「焼き尽くすもの」という意味であるところからも、その関係が性を伴う激しい恋であることがわかります。

恋の弱点

自分の心をうまく制御できない

シリウスの人の恋の弱点は、自分自身の心です。シリウスの人が恋をすると、恋人の心の動きをよく観察しますが、少しでも自分の心を無視されたとなると、途端に気分が沈んでしまいます。

しかし、それをストレートに顔に出すのはあまりに大人気ないので、何とか我慢しようと思うのですが、無理に我慢をするために不安はかえって心の中で増大してゆき、ついに我慢しきれなくなって、ちょっとしたことをきっかけに泣き出したり爆発してしまいます。

しかし恋人の気持ちとは完全にタイミングがずれていますので、なぜあなたが爆発したのか彼にしてみれば理解できないわけです。

あなたは、爆発寸前までは何とか平静を装って、無理に笑顔まで作ったりするので、そんな自分がかえって悲しくなり爆発してしまうのです。もう少し素直になって、すぐその場で怒ったり泣いたりした方が二人の関係もうまくいきます。

心にいったん納めてしまうと、怒りや不安は勝手に独り歩きを始め、爆発してしまうからです。

人生

進行点との関係から見た人生
年を経るごとに安定していきます。何か新しいものを発明する力があります

将来の傾向

シリウスゾーンに誕生点を持つ人の将来は、年を経るごとに安定し、最終的にはかなりの社会的な成功を勝ち取ることができます。あなたには新しいものを発見する力があり、ちょっとしたアイデアを仕事や商売に結びつけて一躍お金持ちになることができます。

その時期は、進行点が恒星プロキオン7／19、恒星アルファルド8／21に来た年が有望です。衣食住に関係したアイデアなら、確実に成功に直結するでしょう。

注意したいのは進行点がプレセペ星団8／1、恒星アッセライ7／31～8／1を通過する時です。この年は、欲に目がくらんで大失敗をする可能性があります。労せずに大金にありつける話は、結局、あなたを窮地に追い込むことになります。

あなたの人生の転機というかチャンスは、割と遅く、50代を過ぎてから成功する人が多いので、焦らずに、まず平凡な幸福を追求することが大切と言えます。

結婚の時期

初めての相思相愛の恋が結婚に結びつかなかった場合、シリウスの人は、どうしても結婚が遅れます。前世体験で述べたように、あなたは結婚の苦い記憶が心の奥底に残っているので、結婚相手

の人選に厳しさが出てきます。少しでも不安を感じると納得しませんから、婚期が30代以後に持ち越される場合もあります。

初めての恋が結婚に結びつく場合は、10代の終わりから20代の初めになりますが、この場合、相手の男性は、あなたよりかなり年上になるでしょう。

進行点が恒星シリウス、恒星プロキオンに来た年が結婚のチャンスで、シリウスの女性は婚期が近づくと、タバコをやめたり、食欲が減るので、すぐにわかります。

仕事運

シリウスの人は、男女を問わず働き者です。家庭を何よりも大切にする人ですが、そのために一生懸命働くのがシリウスの人です。

あなたに合った職業はまず、教育に関係した職業が挙げられます。翻訳の仕事、あらゆる教師、教育者、執筆関係の仕事などが有望です。その他では衣食住に関係した職業、サービス業全般もよく、運動神経のいい人は、スポーツ方面でも大成することができます。

シリウスの人が職業の上で成功するためには、自分の才能にもっと自信を持つことです。シリウスの人は、自分の才能を過小評価しすぎる傾向があるからです。もう少し自信を持って仕事に取り組むと、つまらないところで気後れしないで実力を発揮することができるでしょう。進行点が恒星アクベンス8／7に来た年には、職業上のチャンスがあります。

健康

シリウスの人の体調は、そのまま気分に同化します。気分のよい時は体調のよい時で、体調が悪い時は、気分の悪い時です。体調が事実なのか、気分が事実なのか、結局、最後までわかりません。とにかく一緒なので、気分が滅入ってきたら体調悪化に注意すればよいのです。

具体的な方法としては、ものを食べる時に普段の2倍以上は噛むようにすることです。噛むという行為はシリウスの人にとって、愛情のシンボルです。よく噛むことによって満たされない愛情が充足されていくような満足を感じることができるでしょう。それによって気分もずっと治りますし、胃にも負担をかけないですみます。

なおシリウスの人は、幼少時に呼吸器を悪くする人がいますが 成長後は心配いりません。その他では､外食が続くとストレスが溜まりますので、日曜は手作り料理に挑戦しましょう。

アドバイス

恒星シリウスは、おおいぬ座の忠実な犬であるところから、シリウスゾーンのあなたにも人に対する忠実さを与えました。そして、忠実なあなたの性格ゆえに、多くの幸運がその生涯に訪れるのですが、ひとたび、恩を受けた人を自分の都合で裏切るような真似をすると、それは自分で自分の首を絞めるようなものです。

以後、ばったりと幸運が寄りつかなくなるので注意してください。心の正しいあなたには正しい生き方が向いているのです。

関係　生運数との関係　他の星座ゾーンとの相性

生運数との関係

同じシリウスゾーンでも、生運数によってその宿命に特徴があります。

1の人　運勢が強すぎて、若い頃は人との争いが絶えないでしょう。人を管理する能力があるので女親分に。

2の人　一つのものを失うと他に何かを得、新たに得ると何かを失う、といった両立しにくい運勢。

3の人　男性に貢ぐ癖があります。将来お金持ちになれますが、愛では挫折しやすい人です。

4の人　黙って立っているだけで女性らしさがほとばしるような魅力的な人。数多くの男性に愛されます。

5の人　演劇的才能があるため、やや動作や言動に芝居じみたところが見られます。華やかな世界で成功。

6の人　家族愛に恵まれた生涯です。生まれてから死ぬ時まで、常に誰かに愛され保護されています。

7の人　命がけで初めての恋を結婚にまで持って行きます。社会的には、一度挫折しますが、再起可能です。

8の人　ロマンチックでよく海外旅行に出かけます。思いがけないことから運が開けるので。人間関係を大切に。

9の人　見かけより心配性ですが、粘り強さがあります。晩婚運ですが、恵まれた結婚生活を送るでしょう。

他の星座ゾーンとの相性

シリウスゾーンの人は、基本的にアンタレスゾーンとよい相性で、縁もあります。異性間ではよくケンカをしますが、ついたり離れたりしながら長い期間交際を重ね、結婚までたどり着くことができます。その中でも特に縁のあるのが、恒星アルフェッカ11／5、恒星アヌカルハイ11／15、の人です深い恋愛関係を体験します。

またラサルハークゾーン12月6日〜12月30日の人とも不思議な縁があり、苦難の時代を救ってくれる人になります。

アッセライゾーン「波乱の星」

誕生点
7/21〜8/29の人

★星の概要

恒星アッセライは二つの星の総称で、一つをアッセルス・ボレアリス7/31、もう一つをアッセルス・オーストラリス8/1といいます。アッセライは4等星の暗い星ですが、ちょうど黄道がすぐ近くをかすめるので、昔から知られています。

♣影響力

アッセライは典型的な凶星で、宿命的な影響力は強い方です。7/21から8/29の期間に、誕生点を持つ人は、恒星アッセライの宿命波動を受けて生まれましたので、波乱に富んだ人生を送りがち。波乱の星と言われ、大切な何かを見逃す宿命です。

恒星物語　恒星アッセライイの美談

アッセライイには、命をかけてまで信義に沿った生き方をした英雄の性格につながる美談が多いのです。

恒星アッセライイは、蟹座の（星占いの蟹座とは違います。実際の蟹座を指す）ガンマ星、（ポレアリス）デルタ星（オーストラリス）で、蟹座の目の部分に当たります。

アッセライイゾーンに生まれた人は、波乱の人生を送らねばならない宿命にありますが、それはちょうど蟹の目と似ているからです。蟹の目は少し飛び出ていて、いかにもよく見ている印象を受けますが、見ようとするものにとらわれるだけで、正確に周囲の状況を察知する思慮深さはありません。

ただ目先のことを一つも見逃さないぞと見ているだけで、大きな視点に欠けているのです。アッセライイゾーンの人にも同様の特徴があるのですが、この生まれの人は決して自分の弱点を認めないので、いつまでたってもそれに気づかず、不幸を招いてしまう場合が多いと言えます。

しかしアッセライイは、太古の昔から知られた有名な宿命点で、ちょうど黄道が近くを通ることもあって、昔から親しまれてきました。西洋占星術では、黄道帯（太陽の通り道）を運命の敏感な感受点として捉えますが、アッセライイは黄道上でも特に敏感な感受点の近く（夏至点に近い）にあるので、4等星とはいえ、よい意味でも悪い意味でも、人間離れした偉大な能力を備えているのです。そのため、この星のもとに生まれると、どうしても波乱に富んだ人生を送りがちになります。

アラビアに伝わるアッセライ伝説では、ボレアリスとオーストラリスを南北2匹のロバに見立て、すぐ近くにあるプレセペ星団を、銀の飼葉桶に見立てたものがあります。

それによると、ある時、酒の神ディオニソスが沼を渡る途中、ひどい頭痛（おそらく二日酔い）に襲われて倒れてしまいました。すると2匹のロバが現れ、ディオニソスを助けたという話です。

そしてもう一つ、アッセライは蟹座の目にあたりますが、その蟹座にまつわる神話があります。

これは、友だちを命を投げ出してまで助けようとした蟹の美談です。

蟹はヒドラという怪物と仲良く、同じ場所で暮らしていましたが、そこに現れたのが憎き英雄ヘラクレスです。ヘラクレスは、ヒドラを退治しに来たのですが、圧倒的な強さのヘラクレスを見るにつけ、黙って友人を見殺しにすることができず、応戦しようと外に出ますが、難なくぺしゃんこに踏み潰されてしまいます。しかしそれを見ていた神様は感心し、義理がたい蟹を、天に上げて星座にしたということです。

このようにアッセライにまつわる話は、そのどれもが人助けや自分の信義に忠実な姿勢を示した美談です。

命をかけてまで信義に沿った生き方は、荒んだ人の心を奮い立たせるものであり、すなわち英雄の生き方に近いものです。恒星アッセライには、このような英雄の性格につながる特性が秘められているのです。

アッセライゾーンの人が持つ、常人離れした思い切りのよさと、妥協を排して崇高な目標に自己を奮い立たせる姿勢は、まさに英雄的でなくて何でしょう。

しかし英雄はそう何人も必要としないのが世の中です。そこにアッセライの悲劇も幸運もあるのです。

宿命　自己破壊か創造的発展かの極端を示しやすい「波乱の星」

過去世

アッセライゾーンに誕生点を持つ人は、前世においての感動的な生涯を体験しています。

その頃、あなたは宮廷での華やかな存在でしたが、王国は数年来続いた冷害のために、国力を失いかけていました。宿敵であるメデューサ国は、王国の弱体化に目をつけ、不利な講和を強要してきました。平和解決を第一に、とお望みになった国王は、不利を承知で講話に応ずる覚悟でいました。しかし気にかかるのは、あなたのことでした。

講和の絶対条件として、あなたがメデューサ国に嫁ぐということが挙げられていたからです。

あなたを慕う民の声は多く、小さな国でありながら、それまで平和を保ち得たのも、あなたの号令のもとに一致団結して集う、命知らずの戦兵の活躍があったからです。あなたは今や、王国を支える女神的な存在で、あなたがメデューサ国に嫁ぐことは、王国の恥にも等しいことでした。

民や兵の深い失望の色を知ったあなたは、今や王国を守るものは、富でも講和でもなく、王国としてのプライドを最後まで守り通すことである、と悟ったのです。

そして講和破棄を国王に願い出ると、国中が湧き上がり、志願兵は王国の門という門に殺到しました。自由かまたは死かのこの戦いは、圧倒的な王国の勝利に終わり、先陣きって進んだあなたの勇姿は、王国の伝説となって末永く語られました。

そのためあなたは、現世においても、陰険でずる賢いことを嫌い、どんな逆境にあっても正々堂々と生きていこうとする人になりました。

現世

アッセライゾーン生まれの生涯は、いいか悪いかとても極端です。中途ということがありません。アッセライはたいへん影響力の強い星で、このゾーンには凶として知られるプレセペ星団8／1があるので、ゾーンの影響力は強大なものとなります。

なぜアッセライゾーンが凶影響の強い宿命域かと言いますと、このゾーンが最も強い生命エネルギーを発しているからです。生命エネルギーとは、人間はじめ生きとし生けるものを支える根本的エネルギーのことで、生きて活動しようとする本能をかき立てます。しかしこの本能の力は、まだ十分に秩序立っていませんので、あまり強すぎると、とんでもない暴走を始めてしまうのです。

煮えたぎっている鍋の蓋を強く押さえつけると、どういうことになるか容易に想像できますが、アッセライの人も、生命エネルギーの発露が自然でないと、大爆発を起こして人生を棒に振ってしまうようなことになります。

しかし沸騰した蒸気の力を有効に使えば、重たい汽車や船を動かせるような、偉大な力を発揮するのです。アッセライに誕生点を持つと、自己破壊か創造的発展か、二つに一つしかない選択を迫られることになります。

未来世

アッセライの人は、欲張って生きなければいけません。自分の能力の限界に挑戦するつもりで頑張れば、他のゾーンの人よりも、大きな幸運を手にすることができます。

しかし、何の目標も持たずにだらだら生きていくと、不平、不満、嫌味、人に対する同情のなさ、皮肉、ふてぶてしい態度などの破壊的な行為しかできない人になってしまう危険があります。その結果、あなたと周囲に大きな不幸をもたらすことになるでしょう。

普通の人よりも生命エネルギーが多いのですから、大きな目的を持ち、正しい方法と努力によって目的実現を図る必要があるのです。そうすれば、後世にまで名を残す偉大な人物になる可能性があるのです。

　あなたの成功への道は、ある失敗の後に訪れます。アッセライは波乱の星ですから、何度か失敗や挫折を味わう宿命です。しかし、そのたびに自分の間違いに気づき、やがて敵は自分にあるということを悟るに至ってから、アッセライの偉大な成功物語が始まっていくのです。

　ですからアッセライの人の失敗は、あなたの成長に必要なもので、挫折の中から本当の運が始まることを覚えておいてください。今、本書を読んでいる人の中にも、将来、必ず後世に名を残す偉大な人がいるはずです。それはあなたかもしれません。アッセライには、人間の無限の可能性が秘められているのです。

性格　逆境に陥った時に、本当の力を発揮する頼りがいある性格

　アッセライに誕生点を持つと、逆境の中でこそ、本当のあなたらしい性格が現れてきます。日常生活の中では、とても温和で、人の話を楽しそうに聞く優しいお姉さん、といった感じですが、何か事が起こると、シャキッと本来の性格が顔を出し、極めて頼りがいのある印象を与えます。

　一本芯が通っている感じで、大事な時に決して取り乱したりしません。これは顔つきにも言えることで、普段は眠たそうな顔つきで過ごしますが、いざとなると目つきが変わり、時々キラッと光るのがいかにも事の重大さを象徴するようで、周囲に不思議な緊張をもたらします。

要するに影響力の強い人があなたです。逆境になればなるほど、不思議な冴えを見せる頭脳といい、輝く目といい、どこか常人ばなれしており、試合（スポーツのなど）で見せるあなたの真剣さに、口には出さなくても、一同、尊敬の念を感じることがあるほどです。

そのようにたいへん魅力的なあなたですが、アッセライの見えない不幸はここにも顔を出します。アッセライは見えるものしか見えない星で、人の思惑や言葉に出せない想いなどを理解することができません。

そのため対人関係で、微妙な食い違いが生じやすく、あなたは決して悪いことをしていないつもりでも、知らずに相手を傷つけ、恨まれたりする場合が多いのです。

言いたいことを言えず、つい胸にしまってしまう人の習性をもう少し理解し、見えなければ、なおさらそれに執着する人の心をさらに察し、配慮のある姿勢を示してあげることができれば、あなたの人生は飛躍的に発展します。

また人の心の迷いや悩みを、言われる前に察してあげる優しさがあれば、ただそれだけでも人生の成功者になることができるのです。

アッセライと生い立ち

アッセライに誕生点を持つと、その生い立ちは波乱に富んだものになります。誕生当初と幼年時代は、家庭的にも恵まれて幸運ですが、小学校高学年か中学生の頃より、父親の社会的地位に激変が生じ、最悪の場合は、家が没落するなどの苦境に追い込まれたりします。

それまでの贅沢な暮らしぶりは一転し、裸電球の部屋で眺める母親の顔のひどくやつれて見えるのが、子どもながらにも不安で、ずいぶん早いうちから独立心が芽生えてきたりします。また片親で育つ場合もあります。

幸福な幼年時代を過ごした人はたいへん恵まれていて、祖父母に可愛がられて育ったことでしょう。兄妹姉妹運は、幼少期から青年期にかけてはそれほど強くありませんが、年がいってから仲良くなり、協力し合う姿勢が出てきます。

両親は道に外れない教育熱心な人で、たとえ不況にあってもプライドを失うことがなく、あなたの正義感形成に大きな影響を及ぼします。あなたが一人っ子の場合は、あなたの成長に両親の期待が一心に集まるので、やや重荷になることもあります。

愛 知らず知らずのうちに男性を惹きつける宿命。恋をすると尽くします

アッセライに誕生点を持つと、愛情面では恵まれた生涯になります。フォーマルハウトゾーンと共に、恋愛回数が多く、そのどれもがあなたの成長につながる恵まれたものです。

あなたは決して自分から愛の意思表示をしたり、媚を売るようなことをしませんが、それでいてもてるのです。知らず知らずのうちに男性の心をひきつけているあなたは、突然のラブレターや

愛の告白を受けて、面食らうことがよくあります。

あなたの熱い目つきがどこか普通の女の子と違うので、男性は少し近寄りがたい印象を受けますが、その分あなたの存在が心に焼きついて時と共に膨らみ、突然の告白になっていくようです。

恋をするとあなたは、男性によく尽くす女性になります。しかし、人前でベタベタ甘えたりするのは嫌いなので、外見上はクールな交際をしているように見えます。でも二人きりになると、ふざけたり甘えたりするのが好きで、いくつになってもまるで子どものようです。

楽しくて幸福な恋を何度も経験できるあなたですが、なぜか恋愛期間が1年という不思議な傾向があります。

あなたの方が何となく嫌になってしまって、別れるパターンが多く、男性を泣かせる可能性があります。男性のうちに自分に似た嫌な面を見ると、交際がつまらなくなってしまうということもあるようです。

注意したいのは、恒星アッセライは凶星で、恋愛に関しては、その凶意があなたではなく、彼の方に行きやすいことです。あなたとつき合い始めてから、どうしてか彼がツイていないようなら、悩みの相談相手になってあげてください。一致協力の姿勢が、不運を乗り切らせます。

恋の傾向

読書をきっかけにして始まります

あなたの恋は、「読書」をきっかけにして始まることが多いのです。本の貸し借り、読書の話などは積極的にするべきです。お互いにおもしろい本を教え合うということは、お互いの人間性を知的に理解するうえで、とても有意義です。

さてあなたの熱烈な恋の相手は誰でしょうか。アッセライの女性の生涯における最も激しい恋は、同年代の男性か5歳年上の男性、または9歳年上の男性との間に芽生えます。

恋が始まる前兆としては、まず体が軽くなるのでわかります。また荷物を持ってもいつもほど重く感じない場合もそうです。会社へ行く時、手に持ったバッグがいつもより軽く感じられるような ら、恋が近づいている印です。

また音が美しく聞こえる時も、素晴らしい愛が近づいています。遠くから流れてきた賛美歌やバイオリンの美しさにハッと立ち止まることがあったら、それから23日以内に愛の告白を受けるでしょう。また片思いが成就する前には、雨上がりの風景の夢を見たりします。

恋の弱点
相手の弱点を鋭く非難しやすい

アッセライ生まれの女性は、自分に勇気と思い切りのよさが備わっているため、だらしのない男や意気地のない男を見ると、無性に腹が立ってきます。そして鋭い嫌味を言ってしまい、愛し合っていても気まずい仲になりがちです。

同性との交際では、ずいぶん我慢のきくあなたですが、なぜか好きな異性に対して厳しすぎはしないでしょうか。

男性の弱点をもう少し理解し、許してあげる包容力が必要かもしれません。

そうしないと、いたずらに恋の相手ばかりを変えて、最後に行き着くところは、男性よりも仕事ということになりそうです。もちろん仕事に生きがいを見出すのも素敵ですが、恋愛と仕事が両立できないわけでもありません。せっかくよい恋愛運を持っているのですから、あまり結論を急がないようにしてください。

その他の愛の弱点としては、同性の友人から得た男性の情報を鵜呑みにして失敗しやすいことです。友人が嘘をついているわけではなくても、偽情報をつかんで間違った決断をしないよう注意が必要です。

人生　進行点との関係から見た人生
極端な人生を送りやすいが、大成功は数度の失敗の後に訪れます

将来の傾向

波乱のアッセライの宿命波動を受けているあなたは、重大な失敗を招く要因をつい見逃してしまう運勢体質をしています。たまたま準備しなかった一部分だけが試験に出たり、ほんの少し目を離した隙にまずいことが起きたり、楽勝を信じてうたた寝をしている間に形勢がすっかり逆転して、敗北を喫したナポレオンもアッセライの人です。

これは油断というよりも宿命的なことで、ある程度は仕方がないのですが、特に人生で失敗しやすい年があるので、その期間は注意するようにし

てください。

まず進行点が恒星アッセライ7/31～8/1に来た年は、家庭環境の激変があり、特にプレセペ星団と重なる8/1は危険です（ただしこの進行点を体験する人は誕生点が7/21～7/31の人だけです）。

次に進行点が、恒星アルファルド8/21、レグルス8/23、に来た年も要注意。逆に恒星デネボラ9/15、ザニア9/28に進んだ時、宿命が逆転して、今度はチャンスを見逃さない幸運体質を獲得していきます。

結婚の時期

進行点が恒星レグルス8/23、デネボラ9/15に来た年が、幸福な結婚のチャンスです。その年あなたは一人でいることがとても寂しくなってきます。普段は強気なあなたですが、孤独をしみじみ噛みしめるでしょう。

そんな時に、愛する彼が結婚を申し込んでくるのです。とても幸福な結婚になります。特に恒星デネボラでの結婚は、幸運で結婚を契機にして運勢もグッとよくなります。お互いの波動が相乗効果をもたらし、不運な運命波動を受けつけなくなるからです。

しかし恒星レグルス8/23での結婚は、結婚自体は幸運ですが、周囲の反対が見られ二人だけの寂しい結婚式になったりします。

その他の年の結婚は、可もなし不可もなしですが、電撃結婚は離婚を招きやすく、最低1年以上は交際を続けてから、結婚を考えるようにしてください。

仕事運

アッセライの人の社会的成功運は、前にも言ったように極端です。大成功か失敗かですが、大成功は数度の失敗の後に訪れるので、失敗を恐れることはありません。

ただし、いつも同じ原因で失敗する場合は、波乱のアッセライの最も悪い影響を受けているので、注意が必要です。

さてチャンス年ですが、皮肉なことに進行点が悪い宿命域に来ると、チャンスが訪れるのです。逆によい宿命区域を通過中は、これといったチャンスは一見、ないように見えます。

しかし、アッセライの人の判断力は、大切な何かが一部欠けたものですから、これはチャンスだと小躍りした時が危険になります。

逆に問題もありそうだが、まあなんとか頑張ってみるか、と思って取り組んだことから思わぬ発展が得られるのです。進行点が、系外星雲M65〜66、9／10を通過する年に知り合った人は、あなたの人生を成功へと導いてくれる人です。その年の出会いを大切にしてください。

健康

波乱の星アッセライを持つと、文字通り視力の衰えに注意が要ります。これはあなたの星であるアッセライか、または誕生点の星を見ることによって防げます。アッセライは3月下旬の夜の8時頃、ちょうど頭上に輝く星です。

ただし4等星と暗いので、なかなか見つけられないかもしれませんが、その辺りを見つめているだけでも効果があります。あなただけの年中行事の一つにしてください。

視力以外では、アッセライはとても丈夫な体質をしていますから、考えられる危険の可能性としては火傷《やけど》と、自ら招く暴力事件より他にありません。必ず一度は暴力事件に巻き込まれる宿命で、顔に傷など残さないように注意してください。

事件は、あなたから先に手を出した結果起こるものなので、それをあらかじめ理解していれば、宿命を変えることができるのです。

アドバイス

アッセライ人には、対極にあたるデネブ像の影響を受けて、何か一つ天才的な能力が与えられています。特に恒星アルファルド8／19〜8／23、恒星レグルス8／21〜8／25に誕生点を持つと顕著です。

文筆能力や映像芸術に関係していることでしょう。他の誕生点の人も、必ず能力がありますので、早くそれを見つけ、伸ばしていくようにしてください。

なお、あなたに幸運をもたらすものは0、笛、オーバーコート、桃などです。

関係　生運数との関係　他の星座ゾーンとの相性

生運数との関係

同じアッセライでも、生運数によってそれぞれ特徴が出てきます。

1の人　窮地に陥っても失うことのない自信で、その道の第一人者になれる人です。波乱含みだが幸運。

2の人　仕事か結婚かで悩みますが、何となく結婚します。結婚相手しだいで大きく変わる人生です。

3の人　思い切りのよさが、若い時は波乱を招き凶兆ですが、30代を過ぎた頃より突然、大発展し有名に。

4の人　浮き沈みの多い人生です。自説をどこまでも追求する大人げなさがあり、包容力を身につければ大成します。

5の人　ユニークで魅力的な女性。多くの恋愛をしますが、別れた人とも親しい友だちでいられます。成功運あり。

6の人　絶体絶命のピンチを、ある女性に助けられ、それから不思議にもトントン拍子の人生が展開していきます。

7の人　もてるのにあの人だけは振り向いてくれない、という欲求不満が多い傾向。ただし財運は有望。

8の人　異性関係が人生の発展とも、つまずきともなります。生涯に３人の影響力の強い男性と巡り合います。

9の人　まさに英雄運の持ち主。後世に名を残すか、又は不平不満のうちに生涯を終えるでしょう。

他の星座ゾーンとの相性

アッセライゾーンの人は、ラサルハークゾーンの人とよい相性で、特に恒星ラサルハーク（12月15日前後）を誕生点に持つ人と、深い恋に陥ります。

またあなたの進行点と正反対の位置に、誕生点を持つ人（6か月プラスしてください）とは、その年あなたを開運してくれる人で、相手が異性だとしたら、恋に発展する可能性もあります。

逆に恒星マーカブ3／15、シャート3／19を誕生点に持つ人には、なぜかあなたの魅力が伝わらず、あなたの方が下手に出ないといけない不利な交際になりそうです。

スピカゾーン
「真珠星」

誕生点
8/30～
10/20の人

★星の概要

初夏の南の中空に青白く光る一等星、それが恒星スピカです。日本名は「真珠星」。可憐な輝きが、いかにも真珠のように透き通る星。恒星スピカは、乙女座のアルファ星で、女神の持つ麦の穂を表しています。

♣影響力

恒星スピカの影響力は、9大恒星の中では弱い方ですが、茫洋として浸透力を持ち、8月30日～10月20日という最も広範囲に渡る宿命域を支配します。ここは「神々の住まう域」で、人間がまだ神々と共に住んでいた頃の面影を残しています。

星語 恒物 スピカの「神域」

神々は天界にお戻りになられる前に、神性の表される場所を星空に残しました。それがスピカゾーンです。

スピカはたいへん美しい星ですが、この恒星にはさまざまな秘密がこめられています。まずスピカは一つの星ではありません。二つの星がぶつかるほどにくっつけあって、わずか4日間の周期で周りあっています。そしてその二つの星というのは2万2000度という高熱と、毎秒250㎞という高速回転のため、球体になることができず、すっかり帯のように伸びきっているのです。まるで二つの大きな火の玉が、祭りの卍《まんじ》文様のように回転している姿を私たちに連想させます。

もう一つ、スピカの不思議は、150度も離れたプレアデス星団と、銀河系内における空間運動の仕方が全く同じ点です。奇跡的にそうなることがありますが、そう考えるよりもスピカとプレアデスが同時点、同時刻に、しかも同じ場所で誕生したと考える方が自然なのです。遠く離れた涙の星プレアデスと、真珠星スピカとの間には何らかの事情がおそらく隠されているのでしょう。

プレアデスのセブンシスターズの一人が、流れ星となって消えてしまった話など、スピカとの関係を予感させもします。

しかし二つの星の関係は、プレアデスがその輝きを終える時にしかわかりません。その時、恒星スピカはどのような変化を見せるのでしょう。プレアデスと共にスピカも滅ぶのか、いっそう輝きを増すのか、それとも今度はスピカが、初夏の夕闇の中で泣き出す星となるのか、それは誰にもわからないのです（プレアデスゾーン物語を参照）。

このようにさまざまな事情を秘めたスピカですが、スピカが支配する宿命域（ゾーン）についても少しお話しておきたいと思います。

スピカゾーンは神々がおわす場所で、ここを神域と宿命恒星占星術では考えます。その昔人間は、神々と共に暮らしていましたが、人間が堕落していくにつれ神々も1人1人天界に戻られてしまいました。しかし神々は、天界へお戻りになられる前に、神区域の表される場所を星空に残し、人間の中に眠る神性を呼び覚まそうと心配りされました。それがスピカゾーンだったのです。

ですからスピカゾーンは神々の息吹を伝える宿命域で、このゾーンに生まれた人に、神代の時代の暮らしぶりの楽しさを、密かに伝え残していると言えます。

神代の昔には、人は働きもせず得ようともせず、ただ天の恵みをそのままに受けて暮らしていましたので、スピカゾーンの人が現代に生まれてきても、怠け者であまり働くことを好みません。

しかしその分、自分が得たものでも、それは神のものだという無意識的直感が働くので、人と分かち合う喜びを優先し、この世に争いの種を撒くことを嫌うのです。

こうした神の区域としてのスピカがあるからこ

そ、世の中は何とか滅びずにここまでやってこられたのです。

スピカは働かない星で、合理的な考え方に照らし合わせると、生産に結びつかない不要の星とも思えますが、それはちょうど日本の住宅の床の間のようなもので、確かに実用的見地からは不要でも、いざそれがなくなるとまるでタコ部屋と同じで、すべての事柄が喜びをもたらさないガラクタ同然のものに変わってしまうのです。

スピカの神の区域としての働きは、偉大なものということができるでしょう。スピカゾーンに生まれた人には、平和を愛する強い本能が隠されているのです。

宿命 最悪のピンチでも必ず抜け出せる「真珠星」

過去世

スピカゾーンに誕生点を持つ人は、前世で次のような複雑な幸運を体験しています。

その頃、あなたの家は裕福な商家で、王宮もあなたの家からお金を借りているほどでした。その額が大分かさんだので、お城ではあなたを王子の妻として迎え、借財を一挙になくしてしまおうと考えました。しかし王子の妻に迎えるとはいえ、一夫多妻の国でしたので、正妻で嫁ぐわけではありません。そこで親類中が集まって、あなたが城に嫁ぐことを協議することになりました。いろいろな意見が出されましたが、どれもそれなりの説得力があり、協議は延々と深夜まで及び、結局、あなたの考えによって決しようということになりました。

あなたは城と縁結びになれば、父母の商家もいっそうはやると考え、結婚する覚悟でいました。王子の正妻や、王子にまつわる女性の存在は気にかかりましたが、王子が殊の外、ご執心でしたので、冷たく取り扱われることはないだろう、と気楽に考えていたのです。

こうしてあなたは城へ嫁ぎ、実家は称号を得て貴族に昇格しました。しかし、城はそれをよいことに、いっそう借財を募らせ、実家が渋い顔を見せたりすると、途端にあなたへの風当たりも強くなるという具合でした。世の常とはいえ、人の心の豹変の浅ましさに、あなたの心は痛むのでした。

しかし王子様は、半ば人質とも思えるあなたを不憫に思って、ひとかたならぬ可愛がりようであなたに接しました。やがてあなたは、王位継承権を持つ男の子を産み、幸福に暮らすことができました。

こうした身分違いの環境で暮らさねばならなかった前世体験は、今も因縁となって続き、現世に生まれ変わっても、同様の複雑な心境や出来事を体験する宿命になったのです。

現世

神々の息吹漂う宿命域に、産声をあげて出生したあなたは、まるで神々に守護されているような不思議な幸運と縁があります。

まず、どのような最悪のピンチからも、必ず抜け出せるという運、それに、最初は絶対に叶うはずがないと思っていた願いがいずれ叶うようになるという運、この二つの幸運が挙げられます。

また何となくこうならないかしら、と望んだことがその通りになってしまう、ということもよくあります。

こうしてスピカゾーンに誕生点を持つと、思いもよらぬ幸運を手にします。

しかし、それはあまりに思いがけなくやってくるので、それまでの自分の生活や習慣が新しい環境についていけず、人知れず悩みがちで、複雑な心境に陥るのです。

スピカ生まれの人にとって大切なのは、リズムです。リズムこそ神の息吹が体現されたもので、それをあなたが持っていますから、あらゆる物事をリズミカルにこなしていけば、幸福な生涯を送ることができるのです。

何かをする時でも、考える時でも、楽しいリズムに沿いながらすることです。それだけで本当に幸福が訪れるのです。それは神々の心と一体になることで、あなたの中に奇跡を起こす力を生じさせるのです。

未来世

あなたの将来は、あなたの親類中（女性）の誰かの人生とたいへん似ているものになります。自分と顔、スタイル、性格などが似ている人を、血縁の中から見つけてください。

母親、親類の女性、すでに死んでいる人でも構いません。あなたのこれからの生涯は、すでにその家系の中において、何度か繰り返されているはずなのです。

お母さんを中心に、おば、祖母と次々に考えていってください。もしも該当するような人がいないなら、今度はあなたの家系の女性に共通している性格や宿命、人生をたどってみることです。あなたの人生と家系の宿命は、密接な関係にあるからです。

あなたと似た血縁中の誰か、またはあなたの家系の女性に共通した宿命的傾向が、そのままあなたの将来を決定することになります。

しかし、親類と同じような一生を送りたくないという人の場合は、人生の転機において、親類の人がしたのとは違う選択をすることです。そうすれば、宿命を変えることができます。

例えば、不幸な結婚生活を送った親類と自分が似ている場合、あなたも必ずその人と同じようなプロセスで同じような異性と結婚しようとすることになりますから、それに気づいたら、あなたは選択を変えることです。そうすれば宿命は変わるのです。

こうして家系に伝わる宿命を知り、決断と選択を躊躇しなければ、スピカの人生は限りない発展を見せるのです。

スピカゾーン

性格　明るく親しみやすい性格。たしなみ深く冷静な面も

スピカゾーンに誕生点を持つと、裏表のない、明るくて親しみやすい人柄になります。それは間違いのないことなのですが、不思議にも5人に1人ぐらいからは、陰険で裏表のある人だと思われます。

そして誤解され、悲しい目にあうことがあります。これはあなたがあまりに人のことに気を使ってあげるため、それまで優しい環境で育って来なかった人からすると、それがわざとらしく、まるで裏のある行為のように思われるからです。

もちろん、あなたには何の責任もないのですからね。迷惑な話です。ずっと苦労して育ったためにひねくれてしまった人、両親の愛を受けずに育ったために破壊的衝動（ヒステリーや病的なわがままなど）に走りやすい人などの中に、あなたを誤解しやすい人が多いようです。

ただし、このような人の中には、本当に人間的に立派な人がいるので、外見だけで判断するのはもちろんいけません。

さて、あなたのたしなみ深い、それでいて明るい性格はハイソサエティーの人間の集まりで注目されます。

また、ハイソサエティーのパーティーやお呼ばれと、生涯を通して縁があるので、顔を広くすることが大切です。著名人、有名人、芸術家などの親交によって、大きな幸運を手にすることがあるでしょう。

ところで、性格のマイナス面で目立つところですが、新しい友人ができると、それまでの友人に対して、冷静になりなりすぎのところがある点です。

決して冷たくなるわけではないのですが、冗談を言うにしても、お話するにしても、今までのようにも、熱のこもったところがなくなるため、いかにも乗り替えられたという感じを、古い友人は抱いてしまうのです。

この点に注意すれば、問題のない人間関係を続けることができます。

スピカと生い立ち

スピカゾーンに誕生点を持つ人は、明るい家庭に生まれます。両親はしっかり者で、年よりも若々しく、あなたのしつけにも意欲を持っています。父親はたいへん頭のよい人で、しかも人一倍の正義感を持っています。母親もそんな夫が好きですが、一面では、もう少しうまく立ち回れば出世がもっと早かったはずなのに、と密かに感じたりしています。

確かに父親は、能力と才能に比べて相応の社会的評価を受けていないような気がしますが、本人はいたってのんき気で、世事を超越したところがあるようです。

あなたはそんな両親、特に父親が大好きで、家庭は、あなたの子どもの頃から大人に至るまで変わらず、明るく伸びやかです。

しかし、あなたが小学上級年から中学時代に、父親の転勤、または母の実家の問題で長期間、里帰りするなどの変化が起こり、1〜2年寂しい思いをすることがあります。

この時期に自分に不足していた独立心をあなたは養うことになります。

兄妹姉妹縁は幸運で、非常に仲がよく、大人になってからの深い関係が続きます。

ただし、お互いの子どものことで争うと大事に至りますので、子どもができないからといって、兄妹姉妹間で、養子をもらい受けるなどのないようにしてください。

愛 愛に対してとても理性的。二人以上の男性を裏切るかも。

あなたは愛に対して、とても理性的な人です。どんなに愛する人がいても、決して自分を取り乱すようなことがなく、一貫して落ち着いた態度で男性に接します。

愛する人のことを考えると、食べるものも喉に通らないなどということがなく、あまりに冷静な自分が少しおかしいのでは、と疑問に思うことすらあるでしょう。

あなたは初め、とても子どもっぽい、手のかかる男の子と恋をしますが、彼のためにあれこれ手を焼くのが楽しくなり、自分の中に思わぬ母性が隠されていたことに驚くでしょう。

しかし、その恋は、彼のわがままのために、1年ちょっとで幕を閉じなければなりません。楽しさより、徐々に苦しさが募ってくる未来のない恋です。

次にあなたは、もう少し大人の恋にあこがれを抱き始めます。自分が愛するよりも、暖かい男性の胸に自分が憩える、安らかな愛情関係を望み始めます。相手には年上の落ち着いた男性で、できることなら社会的にもそれ相応の位置にいる人がいいと思います。

しかし、そういう男性には、なかなか巡り合えません。外見はまずまずでも、いざ交際してみるとおもしろみがなく、当たり前の男と女の関係になっていくようで、思わず身を引いてしまいたくなるようなことが多いでしょう。

こうして一見わがままに見えるあなたの愛情ですが、最終的には最も理想に近い男性を見つけ、結婚して幸福になることができます。

しかし、結婚前は波乱含みです。あなたは二人以上の男性を、悪意がないとはいえ、結果的に裏切るでしょう。あなたの冷静な心変わりの言い訳に、相手はいけないことと知りながら、憎しみの情をかきたてられます。男難の暗示が少し出ていますので、注意してください。

恋の傾向
宗教や美術がきっかけで成就

スピカゾーンの人の恋は、宗教や美術がきっかけで、成就する場合が多いのです。教会で芽生える恋、旅先の神社・仏閣での出会い、美術仲間、モデルと絵描きの関係がいつしか恋に発展する、など恋の背景には、何か清らかな流れのようなものがあります。

また恋の訪れる前兆としては、夢の中にコートを着た男性が登場した時です。夢に限らずスピカの恋の情熱は、「男性のコート」に無意識のうちに関連づけられているため、冬の寒い日に暖かそうなコートを着ている男性は、なぜかあなたの心を刺激します。

恋が始まるのもそのような日で、「寒い」と訴えるあなたを、彼のオーバーコートが包み込んだ時からです。寒い冬の日の美術館の帰りに、彼のコートに包まれれば、恋の成就は近いでしょう。

また彼の愛を刺激するもう一つのパターンは、ひたすら隠していた可愛い秘密を発見されてしまった時です。出さずのラブレターを彼に見られたり、定期入れの中に密かに隠していた写真を発見されるなどがきっかけになります。

恋の弱点

男性恐怖症と作りすぎの顔

スピカゾーンの女性には、時々、男性恐怖症の人がいます。特に幼少期に両親の性交渉の場面を見たショックが原因で、恐怖症になる場合が多いのですが、成長してからも男性に手を握られるだけで、蕁麻疹《じんましん》が出るような苦しさを味わいます。

心では愛しているのに、直接肌に触れられると、どうしようもなく不快になってしまうのです。該当する人は、好きな男性が登場した時に、自分は男性恐怖症である、と正直に話したほうがかえってうまくいくようです。心の重荷がとれて、自然体になれるからです。

またスピカの人は、寝ぼけ顔を男性に見せるようなことが嫌いで、デート時は何時間も前から念入りにめかしこむ淑女ですが、作り顔になりすぎないように注意してください。

そんなことで、逃げられる可能性が意外に多いのです。スピカの顔は薄化粧でこそ映えるのです。

また午前中の電話は、あなたに幸運を招きます（かけるのもかかってくる場合も）。

深夜の長電話はケンカを招きます。注意してください。

人生

進行点との関係から見た人生
富、名誉、美のいずれかを手に入れることができる人生

将来の傾向

恒星スピカを誕生点に持つ人は、必ずと言ってよいほど、富、名誉、美のどれか、または全部を手に入れることができます。いつ手に入れられるのかは、進行点が示し、進行点が恒星アルクトゥールス10／18、恒星アルフェッカ11／5に来た年が有望です。特にアルクトゥールスに来た年は、前年に恒星スピカを通過するため、スピカ通過年に蒔いた種が、翌年アルクトゥールスで実となり、大きな収穫につながります。

またアルフェッカに来た年は、楽しい冒険から

運を切り開く暗示で、特に船旅は、幸運をもたらしてくれます。船の上で大富豪の息子に見初められたり、社交界に出るチャンスが訪れたりします。

一方、危険年は、進行点がアルゴラブ10／6に来た年で、年長者との激しい衝突から運を悪くしたり、肉体的な負傷も心配です。ただし、吉星ポリマに守られているので、致命的な状態にはなりません。

結婚の時期

進行点が恒星コルカロリ10／2、恒星ポリマ10／6、恒星スピカ、恒星アルクトゥールス10／18、恒星アルフェッカ11／5に来た年が、幸運な結婚のチャンス年です。特に恒星コルカロリとアルクトゥールスの年は、人も羨む玉の輿で、幸福な結婚ができます。

あなたの結婚は、婚約期間がとても長いか、短いか極端で、あっという間に決まる場合が多いでしょう。それまでは、ほとんど結婚なんて考えてもみなかったのに、突然の出会いからいきなりプロポーズされ、1～2ヵ月考えてからＯＫするという電撃結婚になりそうです。

出会いはパーティーや友人の結婚式などが多く、偶然の巡り合わせを実感させられます。恋愛から結婚に進む場合は、婚約期間が長くなるのが特徴です。

仕事運

スピカ生まれには怠け者が多いのですが、仕事を楽しくやろうとするので、意外な工夫が出てきたりして、普通の人よりもかえって成功する場合が多いようです。あなたには、楽しいムードで仕事できる環境が必要で、堅苦しい職場では、才能を発揮することができません。職種としては、趣味的な満足感を同時に得られるものがよく、美とコレクションに関係した職業や、宗教に関係したものがよいでしょう。また結婚と仕事を上手に両立できる人ですから、家事の合間をぬってできる仕事で、思わぬ収入を得たりします。

進行点が恒星サウスバランス11／8に来た年に、夫や親しい人と共同して事業を興し、成功させる可能性があります。また芸術方面では、進行点が恒星スピカ10／17に来た年に、コンクールなどで上位入選を果たし、将来を嘱望される栄誉に輝いたりします。

健康

スピカゾーンに誕生点を持つと、体のどこが悪いというわけではないのに、たいへん疲れやすい体質になります。疲れと同時に頭のこめかみが痛くなりますが、それは視神経が疲労しているためですし、神経の疲れは要するに精神的なもので、ほとんどの場合、肩こりにも結びつきます。

あなたには、美しい音楽と快適な暮らしのできる理由が必要なのです。特に静かでムードのある音楽は、繊細な神経の疲れを癒す効果があるので、ぜひ試してください。

その他では特に、病気にはかからない人で、いつもどこかが悪いような気がしますが、実際にはどこも悪くありません。ただし肌はデリケートなので、ニキビや吹き出物には悩まされます。それも皮肉なことに、大切なお呼ばれやデート、お見合いなどになると、吹き出物が顔に出てきますが、これも精神の影響からです。

アドバイス

すべてが機能一点張りの現代社会は、徐々に行き詰まりを見せていますが、もうすぐ、スピカの精神が必要とされる時代になるかもしれません。
スピカの精神とは、神々と人間が仲良く暮らしていた頃のセンスで、無駄や遊びを大切にする心です。それがあらゆるものを潤わせ、活気づけ、結局は偉大な生産に従事させるからです。スピカゾーンの人の楽しく人生を過ごす姿勢が、一躍クローズアップされてくるでしょう。

関係　生運数との関係　他の星座ゾーンとの相性

生運数との関係

同じスピカゾーンでも、生運数によって運勢の特徴が出てきます。

1の人　強運の持ち主です。シンデレラ運があり、華やかな世界と縁があります。魅力的な人との結婚。

2の人　プレアデスゾーンの人に助けられて、人生を開きます。危機に対する直感力が冴えている人。

3の人　意志が強い努力家ですが、恋人がいる時といない時では、性格がまるで違います。いる時は陽気。

4の人　見かけよりもずっと慌てん坊で、裏表の少ない人。やや遅れますが、魅力的な結婚運の持ち主。
5の人　素晴らしい社交性があり、社交界で有名になれる人です。異性運も抜群です。
6の人　人の運を吸収して伸びる人です。能力がある人や才能豊かな人、ツイている人との交際を大切に。
7の人　若い頃は、自分の嫌な面ばかりを見つめて悩みますが、進行点がアンタレスゾーンに入ると急変。ドラマチックな人生が展開されます。
8の人　名誉運がつきまとう人で、自分の所属する団体で、最高峰の位置まで進めます。結婚に否定的な考えを持ちがち。
9の人　大物に見初められる運があります。玉の輿的結婚もそうですが、才能を高く買ってくれる人と出会えます。

他の星座ゾーンとの相性

スピカゾーンの人は、デネブゾーンの人とよい相性で、特に恒星ペガ1／6、恒星デネブ1／11、恒星アルタイル1／22を誕生点に持つ人と、親密な恋愛関係を体験することがあります。
しかしスピカゾーンに最も影響力を発揮するのは、プレアデスゾーンの人です。特にプレアデス星団5／19～5／23の影響力の強い人とは、宿命的な縁によって結ばれており、相手の性別は関係なしに、深い理解によって結ばれます。

スピカゾーン

アンタレスゾーン「逆転の星」

誕生点
10/21〜12/5の人

★星の概要

恒星アンタレスは夏の夜、南の空に低く輝く赤い星です。アンタレスは、蠍座の心臓部にあたり、その赤さから、いかにもドクドクと真っ赤な血を全身に巡らせているかのように見えます。アンタレスは、火星に対抗するものという意味です。

♣影響力

10月21日〜12月5日に誕生点を持つ人は、恒星アンタレスの影響を受けることになります。

アンタレスはパラドックスの星で、私たちが期待したことと、すべて逆の結果をもたらします。その影響力はとても強く、まさに宿命的と言えます。

星語 恒物　火星に対抗するもの

アンタレスの赤さ、星の命が終わりに近づいたことを示します。星は終わりに近づくと、どんどん膨らんで、やがて大爆発するのです。

アンタレスとはアンチ・アーレス、つまり火星に対抗するもの、の意味で、その赤さを競うところからつけられました。

アンタレスの赤さは、星の命が終わりに近づいたことを示します。星は終わりに近づくと、どんどん膨らんで巨星となり、やがて大爆発をして宇宙の彼方に飛び散っていきます。アンタレスも太陽の数万倍（直径が太陽の２３０倍）という超巨星で、いつ爆発しても不思議ではないのです。

アンタレスが私たちに及ぼす影響は、ちょうど死を意識した人間が、かえって生の重大さに気づき、ありったけの残されたエネルギーを振り絞って、現在に立ち向かう姿勢に似ています。アンタレスゾーンに誕生点を持つ人は、いつかは自分も死ぬ運命にあることを悟り、一刻一刻の現在こそが、自分に与えられた唯一の真実である、と悟るようになるのです。

なぜなら、恒星アンタレスに明日はないからです。刻々と膨らんでいく超巨星、それは、ちょうど頭上の風船に空気を注ぎ、破裂するまで待っているようなものです。アンタレスの人はその風船の下で、最初はいつ破裂するだろうか、といたずらに未来のことを不安がりますが、やがて破裂するものは破裂すると、認め、しかし破裂するまでは、確かに存在する現在のありがたさにも、目を向け始めるのです。こうして死をも恐れないアンタレスの一面が形成されます。

次にアンタレスに誕生点を持つ人は、一度こう考えてみるとよいでしょう。朝起きた時に、自分はきょうの夜に死ぬと。本気でそう考えてみるのです。するとどういうことが起きるでしょうか。

1日限りの命だとしたら、ご飯のおかずがまずい、と作ってくれた人に怒る気持ちになれるでしょうか、友だちが何かを貸してくれないからと言って恨むでしょうか。まして洋服やお金が欲しい、と思うでしょうか。決してそうは思わないはずです。

食事の用意をしてくれた人には、深い感謝の気持ちがわくでしょうし、意地悪な友人を恨むよりも哀れ深く思う気持ちが出てきます。洋服やお金は、自分にはもう必要のないものですから、欲しいと思うより、それを人に与えるでしょう。

そして密かに自分は死んでゆく、という悲しみの中で生きる、ということの素晴らしさを初めて知り、残っていく人々の生を祝福せずにはいられなくなるでしょう。

人間に限らず一生懸命に生きようとしている虫けら、誰に見られるわけでもないのに、いじらしく咲く道端の草花、こうしたあらゆる生きとし生けるものの営みが、その時、初めてあなたの胸に響くのです。これがアンタレスの愛の心です。

このように死をも恐れない勇気と深い愛の心、

それを同時に抱いているのが、アンタレスゾーンの人と言えます。

ところで、アンタレスが主星を務めるさそり座の神話は、乱暴者オリオンを一刺しで倒してしまったという話ですが、アンタレスの人間離れした力強さに通じるものがあります。死を超越し、しかも深い愛に支えられた姿勢からは、人間離れした神業が生じやすいのです。日本でも、人間の限界を超えて活躍した人を、よく神社に祀っています。

アンタレスは、死ぬべき人間を再び現在に直面させ、それによって人間の限界を超えさせる、偉大な恒星と言えるのです。

宿命　すべてにパラドックスをもたらす「逆転の星」

過去世

あなたは前世で神様に騙されて、そして救われたユニークな体験をしています。

それはあなたが24歳になった時でした。その頃、あなたは結婚話がうまく進まず、仕事面でも行き詰まり、心身共に疲れて、もう死んでしまおうと考えました。そして生まれ故郷の山峡に、身を投げようと決心しましたが、死後のことも考えると不安もあるので、身を投げる前にせめて産土《うぶすな》の神社にお参りしようと思い立ちました。

そこで産土の神社へ行き、必死にお祈りを始めると、なぜだか眠たくなってきて、ついに眠ってしまいました。

そこであなたは、不思議な夢を見ました。夢の中であなたは80歳のおばあさんになっていて、盛んにため息をついているのです。「ああ、私の生涯はどこへ行ってしまったんだろう。気がついてみたら、もう80だ、一体何があったんだろう……思い出せないし、何の充実感もないよ、喜びの思い出も、悲しみの思い出だっていいんだ、何か心を締めつける、それが本当のものであれば、このままでは死にきれないよ」と。

その嘆きようは、たいへんなものでした。するとそこへ神様が現れて、「それでは成仏できないだろうから、一つだけ願いを聞いてあげよう」とご慈悲を示されました。あなたはさんざん考えてから、ハッと思いついたように、「神様、私を24歳の頃に戻してください」とお願いしました。

そして目が覚めると、確かに自分は24歳。夢のおかげで、あなたは自分の間違いに気がつくことができました。それ以後、あなたはまるで生まれ変わったように、いきいきとした毎日を過ごし、幸福な生涯を送ったのです。

こうした死の一歩手前から蘇った前世体験を持つあなたは、現世に生まれ変わっても、生死の淵に立たされるような悩みや危険を、一度は体験する宿命になりました。

現世

あなたが現世で直面する生死の縁とは、一つは事故や天災・火災、という危機、もう一つは精神の行き詰まりによる自殺願望などです。しかし、いずれの場合も、アンタレスの人は実際に死んでしまうことはありません。必ず助かる運命にあるのです。いわば、それは教訓で、眠っているアンタレスの力を奮い立たせるために訪れる危機なのです。

では、具体的にどのような形で、危機的な状況が訪れてくるのでしょうか。これはあなたの生運数と深い関係があります。

生運数が1、2、3、5、8の人は、愛情問題で死にたくなるほど打ちのめされることがあります。生運数が4、6、7、9の人は、家庭環境や社会的な事柄に激変があり、その渦に巻き込まれて死にたくなるほど悩むでしょう。

しかし、いずれの場合も、悩みの後で人生の発展があるのです。

未来世

アンタレスゾーンは9大ゾーンの中でも1～2を争う成功運の宿命域です。このゾーンからは、多くの社会的成功者が輩出しています。しかも、不利な立場や逆境の中から出発し、成功を勝ち取る、という共通したパターンを持っています。

とにかく死を見つめるほどの逆境、敗北、失意、絶望の中から本当の運を捕まえるのが、恒星アンタレスの力ですから、あなたの将来は、多くのパラドックスに満ちている、と考えて間違いありません。

パラドックスとは転倒のことで、よく思えたことが最後までよく終わることがなく、悪く思えたことは最後まで悪く終わることがないのです。

これからのあなたの将来を考える場合でも、今あなたにとって一番嫌なこと、一番つらいことが、必ずチャンスに結びつくのです。

また、苦しい時は、すべてチャンスと思って、絶対に間違いありません。よし、ここだなと思って、苦しさに直面すれば、信じられないような幸運が訪れてくるのです。

アンタレスゾーンの人には、あなた用の特別に隠された財産や幸運がしまわれていて、あなたが自分の運命に無心になれた時に、それが届けられるように宿命づけられているのです。ですから、チャンスはすべて逆境の中から訪れます。

精神的な開眼はもちろん、物質的にも偉大な喜びが、あなたの未来に待っています。

不平不満を慎み、どんな時にでも素直な姿勢を失うことがなければ、未来は喜びに満ちあふれています。

性格 疑い深い性格から愛を知る性格に、二度変化する宿命

アンタレスゾーンに誕生点を持つと、性格が二度、変化します。生まれつきのあなたの性格は非常に素直で、出しゃばることもなく、それでいてはっきり自分の意見は言える、頭のよい子と言った印象です。

そのまま小学校から中学の初めまでを過ごしますが、中学の2年～3年頃になると、対人関係のつまずきなどが原因で、性格に暗い部分が顔を出してきます。

まず、第一に挙げられるのは疑い深さです。仲のよい友人の間に割り込んでくる、もう一人の存在を気にしても仕方ないとは思うものの、友人は

自分よりも、もう一人の方を取るのではないかしら、と不安は抑えられず、人の動向を伺う疑い深さが、しだいに形成されていきます。

しかし、こういうことは、本当は誰にでもあるのですが、あなたは自分の醜い面を認めようとしないために、無理に自分の陰険さや疑い深さを心の片隅に追いやろうとします。

そのため、押さえつけられた気持ちは、それに反発して、かえって強く表れ、あなたを悩ますことになるのです。

同様のことは、恋愛関係にもいえます。

第三者があなたと恋人の中に入ってくると、強く嫉妬心を掻き立てられるにもかかわらず、無理に平静を装い、そのためにひどく疲れてしまうようです。

こうして、だんだんと自分の性格の嫌な面にばかり、目を向け始める一時期が訪れます。

しかし、次に訪れる性格の変化は、自己嫌悪の悩みを克服した後に表れる性格です。

今までのように、人の愛を求めて欲求不満になるのではなく、自分の方から人に愛を施そうとする姿勢です。

それが最終的に到達するあなたの人格様式で、アンタレスの人は、人を愛するために生まれてきた、と言えます。人を愛することによって自分も幸福になれるのです。

アンタレスと生い立ち

アンタレスゾーンに誕生点を持つと、放任主義の家庭で育ちます。

あなたの両親はあなたに対して、決して無責任というわけではありませんが、ことさらこう育ってほしいという熱意もなく、淡々と育てるといった感じです。

しかし、アンタレスの人は、親の愛情を人一倍欲し、また、それを敏感に感じ取る性格ですから、あまり大切に育てられなかった、と自分勝手に判断している場合が多いようです。

兄妹姉妹は少なく、二人きょうだいが最も多いでしょう。しかし唯一の兄妹姉妹とは、年が離れていたり、学校環境が全く違うなどの理由で、あまり親密な間柄にはならない傾向です。

幼少期に妹や弟が他界し、結局一人っ子で育つ場合もあります。

両親は、教育に理解を示しますが、成績についてはそれほどうるさいことを言わず、そこそこの位置にいれば安心しています。

両親の仲は、ほとんどケンカらしいケンカはしないものの、特別に仲がいいわけではなく、一種の諦めムードが平和な状態を作っている、とも言えます。

父親の社会的地位は高い方で、周囲からもお金持ちや良家に見られがちですが、実際には、経済的に困窮する時期があるようです。

愛 数回のプレイラブと、命をかけた燃えるような恋を経験します

アンタレスに誕生点を持つ人は、必ず一度は愛情問題で傷つくことになります。特に生運数が1、2、3、5、8の人の悩みは深く、生きるか死ぬかの愛憎ドラマを展開します。

アンタレスの女性は、愛する男性に対してきわめて献身的で、百パーセントの誠実さで尽くそうとします。しかし厳しい観察眼を、同時に愛する人に向けており、少しでも心変わりの兆候を見つけると許せず、彼に対する態度が自然でなくなってしまいます。その結果、二人の関係もギクシャクして、しだいに悪い方に行ってしまうのです。

本当は大したことでないのに、疑問をすぐに大げさに考えてしまい、事態を悪くさせ、ついに悲しい結末を迎えてしまう。それがアンタレスの女性の一度目の恋です。

しかし、二度目以後になると、さすがに自分の愛情観やその欠点、また男性の考え方などが理解できるようになるので、とても割り切った気持ちで交際できるようになります。しかし、それが度を越すと、今度はプレイラブに走ってしまう危険があります。

確かにあなたの胸の中には遊び半分のプレイラブと、命をかけて燃える真剣な恋の両方の素質があり、その時々で使い分けているようです。命をかけた真剣な恋を一度か二度体験し、どうでもいい恋を、生涯のうちに5～6回体験するでしょう。

あなたの恋の相手は、口数が少ない素朴な男性

で、黙々と仕事などに取り組むような人です。体格はがっしりとして男らしく、力強さにあふれています。それでいて笑い顔は可愛いのです。

またプレイラブの相手には、おしゃれで美男子なお金持ちを選びますが、何となく軽蔑したくなってしまうことがあります、やはりアンタレスの女性には、真剣な恋が似合っているようです。

恋の傾向

期待とは裏腹の結果となる恋

恒星アンタレスはパラドックスの星で、期待したことはあまりうまくいかず、期待しなかったことが、かえってうまくいくのです。これを恋愛面に当てはめますと、あまり恋焦がれてきたりするとよい結果にならない、ということです。

むしろ最悪の状態を受け入れる覚悟で落ち着けば、とたんに奇跡が起こるのです。

ですからアンタレスの人は、ぜひ、次の点を守ってください。

迷いに迷った行動は決してしないことです。例えば電話をした方がよいだろうか、しない方がよいだろうか、とハラハラして考えた時は、しない方がよく、告白をしようかしまいか悩んだ時も、同様です。

あなたの行動が成功する時は、なぜだかわからないが、自然とそうしてしまった時に限られるからです。

考えないで素直に行動することが、大切なのです。そうすれば、どんな不利な状態にいても奇跡を起こすことができます。むしろ不利な立場にいた方が気が落ち着くため、気楽にアタックができ、よい結果に至れるでしょう。不利な立場こそチャンスです。

恋の弱点

コンプレックスを持ち、疑い深い

一度、恋人のことを疑い出すと、あなたの恋はすでに終末に向かって動き出しているのと同じです。恋人を疑う気持ちよりも、信じる気持ちを強く抱いてください。さもないと、必ず悲恋に至ります。

たとえあなたの疑いが正しいものであっても、彼に対する信頼を失わなければ、元のような幸福な状態にすぐ戻れるからです。

しかし、あなたが疑いを抱き詮索をし続けると、彼との間に自分自身で溝を作ってしまい、愛し合っていながら別れなければならない状態に陥ってしまうのです。

これはあなたのコンプレックスが根本原因で、心の中で、私は彼に愛されるほどの魅力はない、と無意識に感じているからです。

このコンプレックスを解消するには、一度、彼のことを頭から離し、自分はどうすれば魅力的になれるのかを考え、実行してみることです。

どんな服が自分を引き立てるか、どんな言葉遣いや動作が自分には似合っているか、など自分の演出を考えることによって、精神が前向きになり、コンプレックスを解消できます。

人生　進行点との関係から見た人生

節目、節目で運勢や顔つきまでが変わる傾向

将来の傾向

アンタレスゾーンに生まれた人は、人生の節目、節目で、運勢はもちろん顔、形まで全く変わってしまう傾向があります。環境の変化が、そのきっかけになりますが、それまでよかったものは悪くなり、それまで悪かったものはかえってよくなってきます。

例えば生運数5、8、9の人は、それほど目立たなかった容貌がびっくりするくらいの美しさに変容します。逆にそれまで自分が美人だと高をくくっていた人は、魅力がかすんできて慌てます。

また体重の激変や、成績の激変、それに伴って異性運の変化も見られます。すなわち、それまでモテた人はモテなくなり、モテなかった人が多くの異性に、突然注目され始めるのです。このような変化は進行点が、何らかの恒星を通過するたびに起こる可能性があり、特に恒星アンタレス12／2に来た年は、運勢の変転が見られます。

結婚の時期

アンタレスゾーンには吉星は、恒星アルフェッカ11／5しかありません。また進行点がラサルハークゾーンに移行しても、そこにも吉星はなく、のんびりくつろげない人生を象徴しています。

しかしアンタレスゾーンの人の結婚運はよい方で、結婚によって間違いなく社会的な運勢の向上

が見られます。

特に、進行点が恒星アンタレス12／2、恒星ラスターバン12／4、恒星ラサルハーク12／15に来た年の結婚は、ラッキーです。反対に恒星シャウラ12／18に来た年の結婚には何か偽りがあり、大きな犠牲を強いた結婚のはずです。心は冷え切っているのに、財産目当ての結婚であったりします。

なお、幸福な結婚を知らせる前兆としては、どーんと鳴る大砲の夢を見た時です。

仕事運

あなたには目上の引き立て運があり、どのような職業についても、有力な上司から能力を高く評価され、引き立てられる幸運がつきまといます。

そして異例の待遇を受けたり、小さな会社ならば、それをもらい受けたりする可能性があります。しかし幸運が急に訪れる反面、それまで引き立ててくれた人の心変わりなどがあると、崩れるのも早く、波乱に富んだ仕事運になりそうです。

アンタレスの人がこうした幸運と不幸を一度ずつ体験し、その後、本当の幸運をつかんで社会的に成功するパターンが多いようです。進行点が恒星ラスターバン12／4、ラサルハーク12／15に来た年は、本物のチャンスをつかみ、大成功の糸口を得ます。

職種としては、普通の女性があまり持っていない特技で出世します。目新しいものや、少し変わった職業に目を向けてください。また、一人でする仕事とも縁があります。

健康

アンタレスゾーンに誕生点を持つ人は、力みすぎて体を壊します。力むとは、肉体的な力みと精神的な力みの両方で、一つ事に集中しすぎた結果です。

例えばアンタレスの人は、本当の恋患いにかかります。これは思いつめるという精神の力みが原因です。

また排泄時の力みは痔を招き、仕事での力みは、慢性疲労や自律神経失調症を招き、眠ろうとして力めば、当然のことながら不眠症を招きます。すべてのことに、もう少し肩の力を抜いて、気張らずに取り組みましょう。

あなたは体を動かせば動かすほど、調子もよくなり、病気知らずで一生を過ごせるのです。なお、アンタレスの人は、よく健康法に関心を寄せますが、これも力み過ぎて取り組むため、ついやりすぎて、かえって害を招くことが多いようです。

特にジョギングやテニスなど、激しい運動のやりすぎには注意してください。

アドバイス

アンタレスゾーンの人には、その性格に、常人ばなれした、一般的でないところがあります。

例えば、別れたいと思う相手にさえつきまとわれ、どこまでも追い回されたいと願ったり、本気で恋人に叱られることが最大の喜びであったり、不倫の恋にわざと接近したくなるなど、特に愛情面で変わったところが目立ちます。

これは危険に接近したいというあなたの悪魔的

欲望で、生命エネルギーの強い人によく見られる特徴です。

しかし冒険心は、度を越すと、取り返しのつかないことになります。時に自堕落になりやすいあなたなので、十分な注意が必要です。

関係　生運数との関係　他の星座ゾーンとの相性

生運数との関係

アンタレスゾーンと生運数との関係は、次のような特長をもたらします。

1の人　強すぎる運勢は、逆境時に自分を破壊しかねません。苛立ちで、胃炎や潰瘍を招かぬよう注意を。

2の人　スランプに陥っている時の決断は、悪い運勢を招きます。振られた腹いせで、ヤケの婚約をしないように。

3の人　愛する人に意地悪をしたくなる、不可思議な愛情傾向の持ち主。波乱の後、中年から安定した人生が。

4の人　つまらないコンプレックスにとらわれるが、人には愛される。まじめで一本気なので、人生を踏み外さない。

5の人　18歳を境に突然、美しくなる。それまでは全く目立たないが、突然、輝くような魅力を発揮する女性に。

6の人　自慢話が好きな人。見栄っ張りな面があるので、華やかな世界と縁ができる。やや初婚に破れやすい傾向。

7の人　恋人運は強いが、生涯を独身で通す場合も。相続運その他で、金運には生涯、困りません。

8の人　愛嬌があるが、割と根は暗い。スペシャリストで成功する可能性。いつまでも年を取らない。

9の人　波乱に富んだ人生を送る。旅行と縁があり、海外で暮らすことになるかもしれません。

他の星座ゾーンとの相性

アンタレスゾーンの人は、アンドロメダゾーンの人とよい相性で、特に恒星アルフェラッツ4／5前後を誕生点に持つ人と、恋愛関係に陥る可能性があります。

また、あなたの進行点と正反対の位置に誕生点を持つ人は（6ヵ月をプラスする）、その年におけるあなたの救いの主的な存在です。

ピンチを救ってくれたり、気づかないでいた間違いを発見してくれて、あなたを間接的に助けてくれるでしょう。

相手が異性ならば、恋愛に発展する可能性もあります。

ラサルハーク ゾーン
「へびつかいの星」

誕生点
12/6~
12/30の人

★星の概要

恒星ラサルハークは、へびつかい座のアルファ星で、へびつかいの頭の部分に当たる2等星です。ラサルハークは、7月中旬の夜、頭上にのぼる星で、夏休みの訪れを告げているようです。へびつかいは、有名な名医、アスクレピオスの姿と言われます。

♣影響力

12月6日~12月30日に誕生点を持つ人は、恒星ラサルハークが支配する宿命域に生まれました。恒星ラサルハークは、9大恒星の中では影響力の弱い方ですが、宿命域が狭いため、このゾーンに生まれた人は、ユニークな人生を送ることになります。

星語 死者をも生き返らせた
恒物 アスクレピオス

ギリシアの名医アスクレピオスは、多くの人々を病気から救っていましたが、それに飽き足らず、とうとう死者をも生き返らせたために、ブルトンの怒りをかってしまった。

恒星ラサルハークは、へびつかい座のアルファ星で、アスクレピオスの頭に当たります。アスクレピオスはギリシアの名医で、多くの人々を病気から救っていましたが、それに飽き足らず、すでに死んだ英雄たちを、次から次へと生き返らせていました。

これを知った黄泉の国の王様ブルトンは怒り、ゼウスに「生死の定めを勝手に変えられては困る」と訴えました。ゼウスは、アスクレピオスの才能と人柄が好きだったので、非常に困りましたが、プロトンの言い分が正しいので、やむなく雷でアスクレピオスを殺し、星座の仲間に加えたということです。

古今東西、まずアスクレピオス以上の名医はいなかったと思われます。何しろ、死んだ人まで生き返らせてしまうのですから！　アスクレピオスの治療法は、その後、民間信仰にまで高められ、20世紀初頭まで続きました。

ところで、なぜ、ギリシアの名医であるアスクレピオスが、へびづかいなのでしょう。一見、何の関係もなさそうですが、実は、ここに古代医学の本質が隠されている、と言っても決してオーバーではありません。現在でも各国の医科大学、看護学校、伝統ある薬局などの紋章には、ヘビをデザインしたものが多くあります。

これは、昔から、ヘビが不死の象徴であったからです。それというのは、ヘビはあらゆる薬草を知っており、自分に必要な薬草を必要なだけ食べて、十分長生きしたからです。また古い皮を脱ぎ捨てて、新しい肉体に生まれ変わるヘビの習性は、当時の人々にしてみれば、永遠の若さの象徴に思えたことでしょう。

こうしてヘビは、不死の代名詞になったわけですが、さらにこのヘビを自由自在に扱うへびつかいは、不死の秘密を知っている者、ということができます。ギリシアの名医アスクレピオスが、へびつかいであるのは、このような理由によるものです。アスクレピオスは、人間の生死の秘密を、ヘビを通して理解した名医だったわけですが、実際には、どのような治療法を用いたのでしょう。

怪物メデューサ（髪の毛が蛇と言うお化けで、それを見た者は石になってしまうと言われる）の頭を見せて治したという話もありますが、夢解きによる治療も忘れられません。

アスクレピオスは、医療の神であると同時に夢解きの神で、夢解きで、病気を治したのではないかと思われるのです。というのは20世紀まで続いたアスクレピオス信仰は、夢による治療の信仰で、病人はアスクレピオスの神殿におこもりをして夢を授かります。たったそれだけで、病気が治ってしまうのです。

夢を見ることと、肉体を蘇らせることとの相互関係のからくりを、アスクレピオスは知っていたのでしょう。最近の精神分析医の中には、夢に予知力や、病気を治す力があることを肯定する人が多くいます。アスクレピオスの治療法は、現代になって顧みられなくなるどころか、だんだんと注目されてきたわけです。

こうしたアスクレピオスの頭部に輝く星、それがラサルハークで、それは生死の秘密を知った名医アスクレピオスの知能の輝きと言えます。ラサルハークゾーンに生まれた人の人生は、よい意味でも悪い意味でも、名医アスクレピオスの生き方と、似たものになりやすいのです。

宿命 さまざまな人助けをする宿命を持つ「へびつかいの星」

過去世

あなたの前世は次のようでした。

医者になろうとの希望で3年間の留学を終えて故郷へ戻ると、家は盗賊のすみかになっていました。両親は追い出されて、親類の家で暮らしていました。両親はあなたの姿を見ると、泣きながら駆け寄り、今までのつらい胸の内を打ち明けました。

土塁を破って蛮族が押し寄せてきたのは、あなたが家を出て間もなくのことで、警戒の弱い村や一軒家は、瞬く間に彼らの手に落ちてしまったということでした。命からがら追い出されて、親類の家に行くと、快く迎えてくれたのも束の間、だんだん重荷になってくると、年寄りには無理と思える力仕事を言いつけ始め、毎日、暗くなるまで働かされたということでした。

人のいい腰の低い自分たちなので、何を言われても口争いにならぬのを知って、ただ黙って耐えてきたと涙ながらに語るのでした。

知らぬこととはいえ、目の当たりに両親の不遇を見ると、たまらず後悔の念が押し寄せてきましたが、今となっては、村で開業し立派な医者になって、両親を喜ばせるのが自分の道だ、とあなたは確信するのでした。こうして、あなたは村一番の医者となり、見事に家を復興しました。

親類縁者は、両親の幸運に驚き、今までの自分たちの行いを恥じ入りました。

こうした前世体験は、現世にまで影響を及ぼし、はじめ両親を泣かせ、後悔してやがて喜ばせる、というパターンを踏みやすい人になりました。

現世

絶望状態の両親を助け出す、という前世体験を持つあなたは、現世に生まれ変わっても両親はじめ、さまざまな人助けと縁があります。ラサルハーク以外にも、人助けと縁のあるゾーンは、フォーマルハウトやデネブなど多くありますが、ラサルハークの人助けの特徴は、それが技術的であることです。技術とは、職業のことで、アスクレピオスの場合は、医術という技術で人を助けたわけです。

このようにラサルハーク人は、職業を通して人を助ける宿命を持ちます。ラサルハークの人の幸運は、ですから、自分の職業や社会生活にプライドを持てるかどうか、で決まります。職業や自分の社会的活動にプライドが持てないラサルハークの人は不幸です。これは、職種のことを言っているのではありません。例え人助けと全く縁のないような活動であっても、自分の活動にプライドを持てたら、知らないところで人助けになっているのです。そして思いもかけない場面で感謝され、その数倍の恩恵を受けて、人生を発展させていきます。

このようにラサルハークの人の幸運は、職業などの社会的な活動を通して訪れますので、家庭人としての平凡な幸福、というのとは幸福のタイプが違います。この生まれの人は、何らかの社会的活動をしないと、本当の幸福は得られないでしょう。

未来世

恒星ラサルハークは吉凶混合星ですが、社会に目を向けることによって、幸福になれることは現世のところで述べた通りです。しかし、あなたの将来は、おそらく今、考えている通りにはいかないでしょう。ラサルハークの人生には、予定変更が多いのです。何度か、振り出しに戻って、新しいことに再挑戦しますが、それはあなたが安定よりも、夢や希望を大切にする人だからです。

これは結婚した後も同様で、平凡な主婦業に収まることができず、常に夢を持ち続けます。一定の環境に安住して、次なるものへの意欲を失うと、突然、老け込んで体を悪くするほどです。

あなたの将来は、単独行動よりも人々と協力し合って、大きな目標を達成させるようになるでしょう。あなたには、リーダー運があるので、仲間を引っ張って大目標を達成することになります。あなたには不思議な予知能力があり、敵対するグループや目的達成を邪魔する者に対しての独特の勘が働きます。

そのため戦わずして勝つことが多く、グループ作りに成功さえすれば、あとは成功の道を進むことになります。ただし、常に冒険の連続なので、波乱に富んだ人生になるのは致し方ありません。

あなたは40代で財を作りますが、それ以前は、努力する割には収入に結びつきません。しかし、金欠時代に知り合った人とは、生涯を通じたよきライバル、よき友人となれます。

性格　闘争本能と面倒見のよさ、二つの面を持つ、いっぷう変わった性格

ラサルハークゾーンは、9大恒星ゾーンの中で最も狭い宿命域で、当然のことながら、このゾーンに属する人は、最も少ないわけです。ラサルハークの人の性格にも希少価値があるわけで、いっぷう変わっています。

ラサルハークの人の性格を分解すると、主に二つの面から成り立っているのがわかります。一つは闘争本能で、負けず嫌いや努力、生活力につながっていく性格です。

そして、もう一つは深い同情心で、理解力、面倒見のよさ、人のよさなどにつながっていく性格です。そしてこの闘争心と同情心がミックスされ

て、その時々におけるあなたの性格を決定しているのです。

この二つの性格は、人間が社会的に生きていくうえで最も大切なもので、闘争心は自己を発展させる力で、この力がない限り、社会の成長、発展は望めません。また同情心は弱者をいたわり、認める能力で、この力がない限り、平和な社会を維持することはできません。

そして、この二つが合わさった時、社会は健全な発展を遂げることができるのです。ラサルハークの人の性格行動は、まさに、健全な人間の心の姿を現したものと言えるでしょう。

しかし皮肉なことに、健全な性格というものが、そのパーセンテージにおいて最も少ないのが人間の世界で、ラサルハークゾーンの宿命域の狭さに繋がっています。

ラサルハークの人は心のままに率直に生きていけば、誰からも愛され、しかも信頼されるようになります。

笑うべき時に笑い、怒るべき時に怒り、泣くべき時に泣く、その性格の純粋さこそ、社会を健全に発展させる力であり、人間の偉大な英知へつながる姿なのです。

次に欠点ですが、プレッシャーに弱いところがあります。過度の重荷を背負いこむと、逃避したくなります。計画性を持って1日1日を、しっかり生きるようにしてください。

ラサルハークと生い立ち

ラサルハークに誕生点を持つ人は、典型的なまじめサラリーマンや、教育者の家、または先祖代々からの農家など、堅い家に生まれます。父親はのんびりした人で、和歌や詩吟、民謡などの趣味を持つ粋人ですが、なぜか職業だけは堅いのです。

あなたは堅実な家庭で不自由なく育ちますが、両親の一方とは、さまざまな理由があって馴染めない場合が多いようです。何となく片親を冷たく感じたり、わがままに感じたりして、子どもの頃から距離を置いて、両親の一方を眺めてしまう癖がつきます。

両親間の仲はあまりよい方ではなく、あなたは片方の親に同情し、仲良くなる傾向があります。また時折ですが、両親の一方が早く亡くなったために、育児上やむなくよその家に一時的に預けられたり、他の女性のお乳で育つ場合があります。

兄妹姉妹運はよく、あっさりした交際が長く続きます。あなたは子どもの頃は、とてもナイーブで傷つきやすく、近所の乱暴な男の子たちにいじめられて育ちますが、家に帰っても決して泣き言は言わず、我慢強い面を見せつけます。

このような性格を基礎に、早くから自主性を獲得していく幼少期を過ごします。

愛　遊び本位でなく、長時間かけて恋人を吟味する

あなたは愛情に関して積極的なようでいて、実際はそうでもありません。ラサルハークの人は、愛情に関しても健全な意識を働かせるため、遊び本位の恋愛感情は湧いてこないのです。どうでも

よいような相手と恋をするくらいなら、一人でいようと思います。そのため恋愛の機会には恵まれても、実際の恋愛回数は少なくなります。

しかしラサルハークの女性が仕事につくようになると、少し事情が変わってきます。職場ではライバル意識を燃やして頑張るので、どうしても精神的に疲れることが多く、心の支えとしての恋愛関係に目を向け始めるからです。

その結果、常に恋人的な存在を作っておくことになりますから、恋愛体験が、仕事をしないラサルハークの人に比べると、ぐんと多くなります。

ラサルハークの人の最初の恋は、なぜか、かなりの心の傷を残して終わっていきます。あなたが悪いわけでもないのに、なぜかしら暴言を浴びせられるような形で終えねばならない、そういう仕組みを持っているのです。わがままで自分勝手な男性を、つい可愛いと思って愛してしまったことが原因と言えます。

しかし、二度目からは人間性を重視して、恋人選びをするようになるので、悲しい結末には至りません。恋人の中に、全く尊敬できかねる部分を見つけると、途端に嫌になってしまい、今度はあなたの方から恋人に見切りをつけることが多くなるようです。

こうして長期間かけて恋人を人間的に吟味し、心からの尊敬を抱けた時に、永遠に変わらない愛を確信し始めるのです。

あなたの結婚は、このような精神的プロセスを踏んだ末に到達しますので、信頼関係で結ばれた楽しいものになります。

恋の傾向

季節の変わり目にスポーツを通して

あなたの恋は、スポーツを通して始まることが多いのです。スポーツクラブの先輩やコーチとの恋、競技場で芽生える熱い恋、スキー場など大自然の中で育まれる恋などです。それもシーズンの変わり目にチャンスが集中しているので、注目してください。シーズンの変わり目とは、例えば6月下旬の泳ぎ、12月初旬のスキーなど、シーズントップのスポーツがまたとないチャンスになるということです。これは、新しい恋を招く方法であると同時に、古い愛をつなぎとめる最良の策なのです。

あなたの恋の前兆として注目されるのは、夢です。ラサルハークの人には、夢の神アスクレピオスの能力が隠されていますので、夢による予知力を持っています。

特に正夢を見ますので、好きな男性や気にかかる男性が夢に登場したら、注目してください。いずれそのようになるのです。

その他、食べ物の好き嫌いがなくなった時や、今まで嫌いだったものがいやに美味しく感じられた時は、恋がすぐそこまで訪れている時です。「白」が愛の幸運を約束します。

恋の弱点

口は災いのもと。余計な一言に注意

口は災いのもとです。ラサルハークの人は、恋人に余計なことを言ってしまって、失恋に追い込まれることがあります。

それも決して悪意があるわけではなく、調子に乗って言ってしまう場合が多いのです。だから憂鬱な時よりも、上機嫌でルンルンしている時が危ないのです。

そんな時にポロッと相手を傷つける言葉を吐いてしまい、取り返しのつかないことになるのです。

その場で怒ってくれる相手ならまだ救われますが、根に持たれたら、アウトです。もともと、あなたの先祖にあたるアスクレピオスも、つい調子に乗って、死者まで生き返らせたために殺されたのですから、ラサルハークの人の浮ついた気分や調子に乗った行為は、愛情面に限らず、危険信号なのです。

ラサルハークの人の恋の危機は、旅先から帰った後でよく訪れます。2〜3日会わなかった間に、恋人の雰囲気や態度がガラッと変わっていたりすることがよくあります。

このような宿命を防止するためには、旅先から欠かさずに連絡することです。

人生 進行点との関係からみた人生

30歳を過ぎた頃から一転して能力が開花。社会と関わることから幸運が。

将来の傾向

ラサルハークの人は、見かけよりもずっと教養やたしなみがあります。しかし根が明るくて負けず嫌いなので、すぐに感情的な反論に出たり、ムッとするために、あまり知的な印象を与えません。

これは教養面や知的面に限らず、あらゆることに共通していて、ラサルハークの人が、実際の能力よりも低く第一印象では思われます。

これは、あなたが自分を売り込むことが下手だからです。そのため若い頃は、なかなか能力を買ってもらえず、苦労することがあります。

しかし30歳を過ぎる頃か、または進行点が恒星アルナスル12／25、恒星ベガ1／6に来た年より一転し、あなたの能力を高く買ってくれる人と出会い、発展のきっかけをつかめます。特にベガ1／6に来た年は、芸術面が花開き、一躍成功する運があります。

また進行点が恒星アルビレオ1／21に来た年は、人に感謝されたそのお礼として、信じられない幸運を手にすることがあります。

結婚の時期

進行点が恒星ベガ1／6、デネブ（わし座）1／11、アルビレオ1／21ゲェディ1／24、デネブ2／4に来た年は、幸福な結婚になります。その他の年でも、問題はありませんが、ラサルハークの人の電撃結婚は、離婚を招きやすいので、交際期間は長い方がよいのです。

特にアッセライゾーンの人との電撃的結婚には。注意が必要です。

結婚の時期が近づくと、エプロンを着けている夢や、チャイムの鳴る夢を見ますので、注目してください。結婚のきっかけは、仕事や対人関係で失敗して、自信を失いかけた時で、そんな時の彼の励ましが心に響き、結婚を決意する場合が多いでしょう。

あなたも彼も普段着姿の、ことさらデートというわけでもない時に、突然プロポーズされて決まります。

仕事運

ラサルハークの人にとって、社会活動（一般的には仕事）が人生の幸・不幸を決定する重大な要素です。ラサルハークの女性は、家に閉じこもって社会との関わりを小さくすると、決して幸福にはなれません。

社会と深く広く関わってこそ、あなたの幸福は保証されるのです。その意味からも、仕事はあった方がよいのです。ただし単なるお金もうけではなく、やりがいのあるものでないといけません。

職業的なチャンスは、進行点が両デネブ1／6、2／4に来た年で、納得のいく仕事を見つけ、発展することができます。

職種としては、青少年の健全な発育に関わる仕事、文学方面の仕事、出版関係、スポーツ教育方面、海外関係の仕事、と幅広くあります。また、あなたには趣味とご縁がありますので、売り込みが下手な分、それを利用した方がよいでしょう。

健康

生死の秘密を知ったアスクレピオスの影響を受けるあなたは、健康によいことを自然に心がけている人です。散歩や早起きをするのが好きですが、これらはみな、あなたの健康を支えています。

一般に健康というと、単に病気でない、という意味で使われますが、ラサルハークの人にとっての健康は、常に生き生きとした気持ちで活動することができるかどうか、ということに重点が置かれています。そのためには、足を動かすことが一番よく、足の衰えは、イコールやる気や生命力の衰えにつながる人です。

注意したい病気としては、腰痛ですが、原因は意外と神経性で、何度か深呼吸（体の力を抜いて）すると、かなりの痛みでもよくなるから不思議です。

本当の病気というわけではありませんので、やたらに手術などは考えない方がいいでしょう。なお30歳から太り出すので注意してください。

アドバイス

恒星ラサルハークは、笑える損害を幸運に変える星です。笑える損害とは、例えば百円玉を落としたり、指先をけがしたりするなど、ちょっとした不快な出来事ですが、こういったことを笑ってすませると、その後にいいことが起こるのです。

よく言うところの、厄払いに似た効果を持っているわけです。逆につまらないことでイライラすると、すぐその後でまずい事件が起きてきます。いつも朗らかにしていれば、それだけ開運できるわけです。

ただし調子に乗ると、失敗しますので、そのバランスを体得してください。

関係

生運数との関係 他の星座ゾーンとの相性

生運数との関係

生運数によって、次のような特徴が出てきます。

1の人 我を慎めば大成功できます。リーダーの資質十分で、平凡な主婦ではいられません。浮気運あり。

2の人 何歳になっても、子どものようなところがあります。くじ運が強く、海外旅行などを射止めます。

3の人 旅の多い人生で、生まれた場所を離れて暮らします。数多くの経験がものを言って、社会的に成功。

4の人 予知能力を持っています。それによって、ピンチを何度か脱出します。一目ぼれの異性と結婚までこぎつける。

5の人 芸術家です。文学的才能があり、有名になることもできます。愛情は、波乱含みで気苦労が絶えません。

6の人 素晴らしい人間関係運を持っています。周囲のお膳立てによって開運し、男性ならエリートコース、女性は幸福な結婚に至ります。

7の人 対人関係で若い頃は苦労します。家族との対立も目立ちますが、それが自立心を養って、結果的に幸運。

8の人 成人後はボスになる運勢ですが、子どもの頃は、ナイーブで泣き虫。自分の売り込みは下手ですが、必ず目的を達します。

９の人　スポーツで名を轟かせるなど、若くして有名になれる運があります。作品発表は幸運です。

他の星座ゾーンとの相性

ラサルハークゾーンの人は、プレアデスゾーンの人とよい相性で、決して裏切られることがありません。はじめは、あなたの方が馴染みにくい印象を受けて仲良くなれませんが、一度打ち解けると、強固な友情や愛情が通い合います。

特に恒星メンカー（５／５前後）を誕生点に持つ人と、恋愛に陥る可能性があります。またアッセライゾーンの人とは、人生の一時期、ライバル関係になりますが、成長に欠かせない相手となるでしょう。

デネブゾーン
「神の知恵星」

誕生点
12/31~
2/7の人

★星の概要

恒星デネブは、真夏の夜空に輝く白鳥座のアルファ星です。デネブはしっぽの意味で、白鳥のしっぽにあたります。恒星デネブは、とても遠いところにある星で、1500光年の彼方から美しい光を投げかけています。夏の三角形としても有名です。

♣影響力

12月31日～2月7日の期間に生まれた人は、恒星デネブの支配域に誕生点を持っています。恒星デネブは、影響力の強い星で、このゾーンの人に、他の人にはない特殊な才能を与えます。あなたは、いかなる窮地をも打開できる、不思議な能力があるのです。

恒星物語　デネブの戦争と平和

恒星デネブは、地球とよく似た歴史を持っています。戦いを繰り返していたデネブから、戦争がなくなったのはなぜでしょうか？

白鳥座のデネブは、天の川に浮かぶ美しい星で、この星の歴史は、私たちの地球ととても似ています。

恒星デネブは平和の星で、デネブには戦争というものがありません。しかし、デネブが昔から平和の星であったかと言うと、そうではなく、いつでもどこかで争いが繰り広げられていました。デネブに戦争がなくなったのは、デネブの人々が、次のように考えるようになってからです。

「戦争は悲惨だというが、悲惨なのは戦争ではなく、私たちの心が悲惨なのではないかしら。殺し合うのはよくないことだけれど、なぜ殺し合いになるのかしら。それは破壊的な気持ちが私たちの心の中にあるからなのね」と誰もがそう思うようになっていったのです。

それまでいたずらに戦争は悪い、いけない、とまるで他人を責めるかのように全員が言い合っていましたが、争うという破壊的な気持ちが、実は自分の心の中にあった、ということに気がついたのです。

それからというもの、デネブの人々は自分の心の中に眠る、自分勝手で破壊的な気持ちがよくわかるようになったので、人と接する場合でも、十分注意するようになりました。みんながみんな、自分の持つ破壊的な気持ちに注意するようになると、知らないうちに、人と人との争いが起こらなくなってきました。

それと同時に、それまでどんな方法を用いてもなくすことができなかった戦争が、パタッと消えてしまったのです。こうして戦いに明け暮れていたデネブに平和が訪れました。

それまでのデネブは、私たちの地球と、とても似た歴史を歩んできました。私たちの地球にも、戦争が途絶えたことがありませんし、誰もが平和を望んでいるのに、いっこうにそうならない矛盾なども同じでした。しかしデネブには、人々の心の目覚めにより、平和が訪れたのです。

デネブは私たちの希望の星です。来るべき時代の行方を、私たちに知らせる希望の星なのです。デネブゾーンに生まれたあなたには、こうしたデネブの知恵がしまわれています。

地球はすでに、地球をいくつも壊せるぐらいの新兵器を備えています。

私たちはこれを、他人行儀に恐ろしいことだと考えます。しかしデネブの人は、そうは考えませんでした。恐ろしいのは武器ではなく、自分さえよければ、または、どうなってもかまわないという心を、実は誰もが持っているということだったのです。

そして原子爆弾や兵器は、そういう自分たちの心の表れだと考えました。これがデネブの知恵です。

デネブゾーンに生まれたあなたには、このような常識とは少しかけ離れた知恵が隠されています。その知恵は神々の知恵で、人の心を目覚めさせ、平和に導く力を持っています。ですからデネブゾーンに生まれると、デネブの人がやったように、まず自分の心を見つめさせられます。

そして自分の心の中に、人を恨む気持ち、憎む気持ち、怒る気持ち、やっつけてやろうとする気持ち、などが確かにあることを学びます。それをごまかさずに、確かに認めた時、あなたの心に人を許す気持ち、認める気持ち、助け合う気持ち、そして愛が訪れるのです。

恒星デネブは、私たちにそういう宿命波を送りながら、今宵も美しく輝いているのです。

宿命　美と平和を作り出すための能力が隠されている「神の知恵星」

過去世

あなたの前世は次のようでした。

その頃、国には食糧難で、飢えた人の群れは、暴徒に化す寸前でした。城では毎日のように会議が開かれましたが、よい案はいっこうに出ませんでした。そこで広く、民衆から窮地打開の意見を求めよう、ということになりました。

その頃あなたは、農業に従事していましたが、数年来の不作の煽りで、生活が苦しさを増す一方でした。しかし、裏の海岸に出てみると、そこにはたくさんの蟹や貝、魚が泳いでいました。海に不作は関係なしか、と思いついたあなたは、「海の幸」という提案をまとめて、国に出しました。

それはたわいのない内容でしたが、まさに画期的なものでした。その国では、魚や貝、海藻など海のものを食べない食習慣がありましたが、海こそ食料の宝庫である、と訴えたのです。

調理方法や、塩漬けをするという保存方法にまで触れた内容ですが、王室での実験の結果、画期的な食改善の案として高く評価され、あなたの名前は国中にとどろきました。

各地で海の幸を食べる講習会が開かれ、人々は、やっと長年の飢えから解放されたのでした。

このように、ひらめきと工夫によって、広く人々のために役立つことを成し遂げてきた人生が、あなたの過去世だったわけです。あなたはいつの世でも、この世の中にあるものは、すべて意義のあるもので、何一つ不要なものなどない、という平等愛に支えられて生きてきたといえます。

現世

デネブゾーンに誕生点を持つあなたには、美と平和を作り出すための、神々の知恵が授けられています。決してうぬぼれて欲しくはありませんが、あなたの中には、一種の天才的能力が隠されています。それを導き出し、育んで、世の中のために生かす使命があなたにはあります。

デネブゾーンの季節は、ちょうど真冬にあたり(12月31日〜2月7日)人々の活動が最も制限される時期で、幾多の自然の脅威を受ける季節です。作物はできず、外では雪や嵐が吹き荒れています。

そのような中で人が生きていくことは、たいへんなことです。神々はデネブゾーンの人に、厳しい季節の代償として、神々の知恵を与えたのかもしれません。

デネブゾーンの人の頭脳は、窮地に局面すると、突然ひらめくように動き出し、必ず救いの道を指し示します。しかし、この救いの道とは、自分が救われる道とは違い、人々を救い出す道なのです。あなたはそのための代弁者であって、神の知恵を借りられる人と言えます。

この点を誤解して、自分の力を過信すると、デネブゾーンの人の一生は、不幸なものになります。しかし謙虚に自分の使命を悟って努力するなら、幸福な一生を送ることができます。

未来世

このゾーンに生まれた人は、神の知恵を借りて生きられるため、知らないうちに自分の進むべき道に自然と到達しています。進路問題で悩むことはありますが、結局は、最もあなたの能力を発揮できる場所を見つけて落ち着きます。

どのような分野に進んでも、そこで優秀なひらめきを発揮して、成功することができます。

10代よりも20代、20代よりも30代、さらに40代というように、年と共にあなたの人生は発展していきます。

20代の初めに、大きな精神的ショックを受けますが、それがきっかけとなって、それまで眠っていた才能が芽生えてきます。この生まれの人には、全く常識というものが通用せず、人生の発展の仕方は意外性に富んでいます。全く思いもかけないところから人生が開けたり、思いもよらなかった意外な才能が突然、芽を吹き、それまでの進路を急遽、変更させて、発展したりします。

このゾーンに生まれると、神の知恵を借りて生きられるため、どのような職業についても独特の直感で、すぐにツボを押さえることができます。

また、どんな生き方をしても、決して貧乏生活を送ることにはなりません。しかし、必要以上のお金持ちになることも少ないのが、デネブの宿命です。

優秀な頭脳とひらめき、そして努力によって、大金持ちになる人もいますが、その人は、大切な何かと引き換えにそれを得たはずで、本当は悲しい人なのかもしれません。

性格 自然と人を惹きつけてしまう不思議な魅力を秘めたロマンチスト

デネブゾーンには、恒星デネブ以外にも、ベガ1／6、アルタイル1／22、アルビレオ1／21などの美しい星がたくさんあります。アルタイルとベガ、デネブは、夏の三角形を形作り、アルビレオは天井の宝石と呼ばれる美しい星です。

その他8000光年も離れている場所から、凄まじいエックス線を放映しているブラックホールのような天体があったり、あの美しい天の川も、デネブゾーンに流れています。

このようにデネブゾーンは、夏の夜空の美しさと不思議を凝縮して集めたような宿命域なのです。このゾーンに生まれたあなたにも、とらえどころのない不思議な魅力があり、自然と人をひきつけてしまう力を持っています。

あなたは、本当はたいへんなロマンチストですが、ロマンに浸る自分を見られるのが嫌で、普段はすまし顔で生活しています。しかし何かにつけ、隠しようもなく表れてくるあなたの人間性は、いつの間にか、人の心をとらえているのです。

あなたの性格的弱点は、劣等感を抱くとひどく憂鬱になって、何もする気が起きなくなる点です。人のちょっとした批判で傷ついてしまうあなたは、それだけ素直な性格をしているわけですが、やや生命力に欠けていると言えます。

あなたは、弱肉強食の論理を認めませんが、しかし、人に批判されて沈み込むのは、実は人に負けたくない、という心の裏返しの姿と言えましょう。

あなたの奥底に眠っている負けず嫌いの気持ちを、自分の発展力として生かすことが大切です。それによって、生命エネルギーの不足を補えるようになっています。

またあなたには、毎年決まってひどく憂鬱になる時期があります。11月、1月などですが、原因は血行障害なので、体を動かすことが大切です。

デネブと生い立ち

デネブに誕生点を持つと、やや父権が強い家庭に生まれます。母親の力が弱いわけではありませんが、母親は父親に対してだけは弱く、いつも言いなりになってしまいます。

ただ子育てに関して、父親は母親にまかせっきりにするので、とやかく口を挟むことはありません。父親は裏表のないざっくばらんな人で、勉強しろとそれほどうるさくは言いませんし、子どもの成績表を見ないこともあります。

母親はあなたに関して、どちらかといえば放任主義で、あなたはある程度の年になると、友だち関係のようにして、親交を結ぼうとします。

あなたが高校生ぐらいになると、お母さんというよりも友だちという感じで、母親の作った料理や着ている服などについて、時には批判めいたアドバイスなどをしながら、和気あいあいと過ごすでしょう。

母親もあなたのことを、他の誰よりも頼りにしている感じで、あなたが結婚する時、一番悲しむのは、あるいはお母さんかもしれません。

口に出して言わないだけ、その感情は複雑なのです。兄妹姉妹との仲も、友だちのような関係です。

こうした家庭環境の中で、あなたは比較的平凡な幼少期を過ごします。

20代初めに少し波乱に満ちた家庭環境が訪れますが、無事治まるでしょう。

愛 一度相手を好きになると、とことん追いかける愛

あなたは、なかなか異性を好きになりませんが、一度好きになると、とことん追いかける傾向があります。とても上品で、おとなしい印象のあなたが、必死な形相で異性を追いかけ回すので、周囲をびっくりさせることがあります。

しかし、皮肉なことに、自分から追いかけた恋

は、そのほとんどが失敗する宿命にあるのがデネブの人です。

デネブは白鳥のしっぽですから、恋に関しても消極姿勢を守り、きょとんとすまし顔でいた方がうまくいきます。自分は取り乱さずに、おっとり構えていると、相性のよい素敵な男性が現れてくるのです。

あなたは恋をすると、おおらかな気持ちでいる時より、疑心暗鬼に過ごす時の方が多くなります。恋人の言葉をそのまま素直に受け取らないで、何か裏があるのでは、とすぐに疑い始めたりします。

その不穏な空気がすぐに相手に伝わって、時折、気まずい関係になったりするのです。

しかし、あなたには、自分が意識していない時に見せる顔つきや、しぐさ、表情などに異性の心を刺激する不思議な魅力があります。彼はあなたのそんなところに、いたたまれないほどの愛着を感じ取ってしまうのです。

デネブの女性は、そのままで普通にしていれば、最高の魅力を発揮する人ですから、ことさら魅力的に見せようなど、力まない方がよいでしょう。

自意識過剰傾向が、あなたの本来の魅力をかえって奪い取っているので、その点には十分注意してください。

恋愛回数は二度か三度で、どれも美しい思い出が残る恋です。別れ際の魔術師で、不思議な余韻を残しながら、その関係を終えていきます。

恋の傾向

手紙が愛を育てるのに効果的

あなたの恋は、男性の積極的なアプローチから始まります。あなたからアプローチをかけると成功率は2割と低いので、待っている方が無難です。

恋のきっかけや恋人との出会いの場所は、会社や駅で、ラブは容易に成就します。

また、手紙が愛を育てるのに効果的で、電話の代わりに、手紙による近況報告などをまめにしてください。ラブレターなどの激しい内容のものは、あまり感心できません。ほのかに恋の切なさを語る程度の内容が、最高の効果を発揮します。

また、本を借りて、それに押し花をはさんで返すなどの女性らしい細やかな心遣いが、意外に相手の心を掻き立てます。ただし、押し花の汁で本を汚さないようにしてください。あなたは意外と無神経なところがあるので、とんでもない失敗をやらかす可能性があるのです。

恋の前兆として注目されるのは、夕食後に、お茶のおかわりが少なくなった時です。デネブの人は、お茶が好きで、食後に何杯も飲む癖がありますが、その量が減った後に、情熱的な恋の訪れがあります。

恋の弱点

思いつめすぎてしまう。視線恐怖症

デネブゾーンの人は、知的なわりには、恋には時々焦ります。自分が追いかけられているうちは冷静ですが、相手が心変わりをしたり、態度を急変させたりすると、途端にあわてて出して大失態を

演じることがあります。

もともと性格が素直なので、恋のテクニックというものがなく、単純に思いつめてしまう結果、そうなるようです。

またこの生まれの人には、異性の顔を見られないといった悩みや、視線が合うことを異常に怖がる人がいます。いわゆる視線恐怖症ですが、これは精神の未熟が生んだ悩みと言えます。

愛する人と目が合うことは、誰でも恥ずかしいもので、ことさら見つめようと思えば、苦しくなって当然です。ちらっと盗み見る中で、相手のすべてを見て取るのが恋人たちではないでしょうか。

デネブの人は、ことさら恋愛感情を意識しない方が、かえってうまくいくのです。一つの恋の交際期間は長く、何年もつき合う可能性があります。初めの1年よりも、次の年の方に、幸福感を得る恋です。

人生　進行点との関係から見た人生

お金と幸福が両立しないが、人のために尽くす人生

将来の傾向

デネブゾーンに生まれると、お金と幸福が両立しない人生を送らねばなりません。どちらか一方が満たされれば、どちらか一方を失っているのです。ただし、貧しい生活を送るということではありません。普通の人以上の金運には恵まれます。

しかし、あなたの才能と努力に比して、それは決して多額とは言えないということです。

進行点が恒星フォーマルハウト2／23に来た年

は（20歳以上になっていたら）あなたに自立心が養われ、一人暮らしを始めるようになります。精神的な脱皮の年で、あなたの性格も変化します。それまでは明るく無邪気だった人は、ぐっと落ち着きを増してきます。芸術的才能が芽生えるのもこの年です。

画期的な年になりますが、その前2〜3年は動揺の時期で、今まで持っていたものをすべて失い、新たにゼロから出発することになります。

進行点が恒星アケルナル3/7、シャート3/19に来た年は、最高の栄誉に輝く、華やかな出来事とぶつかります。

結婚の時期

進行点が恒星アルピレオ1/21、恒星アルタイル1/22、恒星ゲェディ1/24、恒星デネブ2/4、恒星フォーマルハウト2/23、恒星スカット2/28に来た年の結婚は、素晴らしいものになります。

これ以外の年の結婚も決して悪くありません（デネブゾーンの結婚運は最高です）が、かなり女性上位の結婚生活になりそうです。また恒星サダルスウド2/12の時の結婚は、父親に反対される結婚で、駆け落ち結婚の可能性もあります。

あなたは、結婚を通して社会的地位が向上する傾向で、それまでよりも生活ランクが上がりますし、交友も幅広いものになります。結婚は多くの喜びをもたらすでしょう。美男子と結婚する宿命。

仕事運

デネブゾーンに誕生点を持つと、転職が多くなります。あなたは、自分の能力が十分に発揮されないと、すぐに嫌になってしまい、新しい可能性にかけてみたくなるからです。

確かにデネブゾーンの人には、特殊な才能がありますが、どの場合でも3年間は勉強期間と心得てください。その前に辞めてしまうと、どの才能も中途半端で終わってしまいます。

進行点が恒星デネブ2/4、恒星フォーマルハウト2/23に来た年は、ビッグチャンスで、進路が決まり、よい職業とも縁があります。

デネブゾーンの人は、若い時は仕事で頑張る割に収入は今一つですが、そうした中で、だんだんと実力を蓄えていき、才能に磨きをかけることができます。

しかし、よく才能ある人にありがちな不平不満の多い点には、十分注意してください。文句ばかり言って理屈が先行してしまうと、デネブの職業運は、うだつの上がらないものになってしまいます。職場で口数を少なくすると、不思議と運勢が向上するので試してください。

健康

デネブゾーンに生まれた人は、ひどく自分の健康状態を気にする癖があります。立ちくらみ、胃がおかしい、呼吸が気にかかる、目が痛いなどと症状を訴えますが、本当の病気であることは滅多にありません。

これは関心が自分の肉体に行き過ぎた結果、起こる現象で、他のものに関心を向ければ、すぐによくなる場合が多いのです。

デネブの人のかかりやすい本当の病気としては、血行障害がもたらす諸器官の障害です。これは、体内の酸素不足が遠因になっています。

体がだるい、よく炎症を起こす、泌尿器系統の障害、それに伴う憂鬱感などの症状が現れます。進行点がフォーマルハウト2/23に至る2~3年前が最も心配です。

予防法としては、正しい姿勢でゆっくり深く呼吸する習慣をつけること。また散歩や競歩の歩き方で、体を動かす習慣をつけることで防げます。

アドバイス

このゾーンに生まれると、次から次に苦労と不運の訪れることがあります。そのような時は、仕事や勉強は自分のためではなく人のためにしているのだ、と考え方を変えてみることです。

すると、どんどん幸運な事件が起きてきます。もともとデネブゾーンに与えられている神々の知恵は、人のために生かさねばならないものなので、奉仕的な姿勢を持って初めて祝福されたものとなるのです。惜しみなく与える姿勢が、一見、損なように見えて、最も幸運と近いのです。

関係　生運数との関係
他の星座ゾーンとの相性

生運数との関係

生運数によって、デネブゾーンにもさまざまな特徴があります。

1の人　情熱的な愛を体験する人です。進行点が恒星マーカブ3/15に来た年に、大きな幸運を手にできます。

2の人　自由でのびのびとした生涯を送ります。若い頃は反発精神が旺盛で、主義・主張で人とぶつかります。

3の人　不思議な魅力の持ち主。異性によって運を切り開く人生。突然、才能が発揮されますが、成績にはむらがあります。

4の人　自分のことはさておき、相手のことを気遣う優しい人。両親に可愛がられて育つが、独立心は旺盛。

5の人　波乱に満ちた生涯を送る。風変わりな性格ですが、友人たちからの人気は抜群。40代で人生は安定。結婚運よし。

6の人　衣食住に恵まれ、贅沢ができる人生。年と共に、美しさも増す。30代で恋愛事件を体験。子ども運が抜群です。

7の人　ロマンチスト。反骨精神旺盛で弱い者の味方。財運があり、将来はお金持ちに。関節の病気に注意。

8の人　異性関係にのめり込んで、勉強や仕事を顧みない。音とスピードにこる場合も。作曲能力がある。

9の人　家を出て独立した生活を歩む。男性に頼らない独自の生活を確立。年と共に肥満するので注意を。

他の星座ゾーンとの相性

デネブゾーンの人は、プレアデスゾーンの人とよい相性で、特にプレアデス星団（5/21前後）や恒星アルゴル5/18前後、を誕生点に持つ人と、深い恋愛関係を一度は体験することになるでしょう。

また進行点とは正反対にあたる人との間には、素晴らしい協力関係が成立します。神々の宿命域に当たるスピカゾーンの人とは、宗教的、倫理的な共通点を見出して、深い友情関係を築く可能性があります。

第2章

誕生点の恒星

第1章の恒星ゾーンの研究は、あなたの基本的な宿命を研究しましたが、ここでは、さらに細かくあなたの生まれた日（誕生点）の恒星の影響について、研究してみましょう。誕生点の恒星は、全部で76ありますが、さて、あなたの恒星は吉星ですか？　それとも凶星？

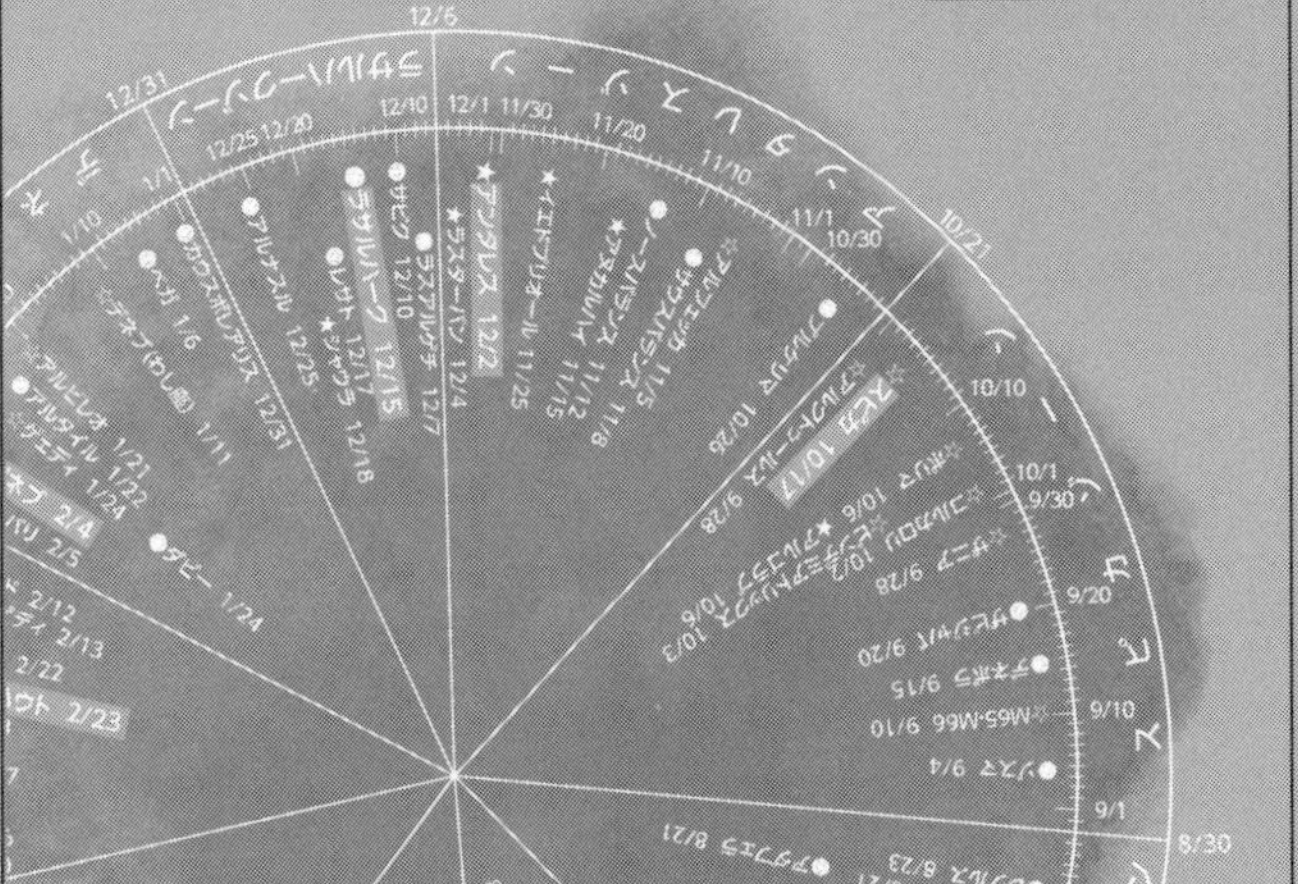

76の恒星と影響力

第1章恒星ゾーンでは、あなたの基本的な性格や宿命の傾向について占いましたが、恒星ゾーンには、主星の他に多くの星が点在しています。誕生点に恒星を持っている人は、ゾーンの影響の他に、誕生点の恒星の影響も合わせて受けることになります。

また誕生点に恒星を持たない人でも、進行点が恒星を通過する年に、恒星の影響を強く受けることになります。

宿命恒星占星術で扱う恒星は、全天で76あり、それぞれ吉星☆、凶星★、吉凶混合星✪の3種類に分かれます。

これから、76の恒星の影響力について簡単にご紹介いたしますが、その前に、2、3の注意を述べておきます。

まず恒星の影響力の及ぶ範囲についてですが、序章でも触れましたように、正確な誕生点から前後2日間、合わせて5日間の影響範囲（恒星宿命域と呼びます）が、それです。

例えば、恒星マーカブの正確な誕生点は3／15ですが、3／15から前の2日間を合わせた3／13から3／17の5日間が、恒星の影響が及ぶ恒星域となります。

次に誕生点が2つ、あるいは2つ以上の恒星宿命域と重複する場合があります。

これは誕生点に入った2つ以上の恒星を持っている場合で、例えば、5／4が誕生点の人が、恒星アルマク（影響範囲5/2〜5/6）と恒星メンカー（影響範囲5/3〜5/7）の宿命域の両方を合わせ持っていることになります。これを「重複宿命域」と言います。

重複宿命域に生まれると、それぞれの星の影響を受けることになります。両方が吉星なら吉意は強まりますが、片方が凶星ならば、吉意と凶意の両方を受けることになり、吉凶が相殺されるわけではありません。

また両方が凶星の場合は、凶意が強まりますが、凶星には大きなエネルギーが秘められていますので、凶意を克服した後に、大発展する可能性があります。

なお進行点が凶星を通過する年は、悪い事件が起こりやすく、吉星を通過する年には、よい事件が起こります。

進行点が生まれて初めて通過する恒星が凶星だと、どちらかといえば、その人の運命は「晩成型」で、吉星を通過する人は「早期成功運」を秘めている型と言えます。

第一番目の恒星通過が、何歳の頃かによっても、それぞれに意味がありますが、今回は触れないことにしておきます。

では76の恒星の説明に入りましょう。それぞれの特徴を表にあらわしました。

フォーマルハウトゾーンの恒星 2/8～3/19

誕生点	恒星名	吉凶影響力	影響する事柄
2/12	サダルスウド	✪強	良否にわたって父親の影響を受ける　頭脳明晰　父親に反対される結婚　不動産運あり　一部の不誠実な友人
2/13	デネブアルゲディ	✪中	目的としたものが中途挫折　原因は派手好みや見栄　官能的　美男と縁　小学校時代の孤独。長い旅
2/22	サダルメリク	★中	異性の前での不必要な緊張　弱い呼吸器　計画性あり　山間部や登山中に愛する人と対立　言語劣等感
2/23	フォーマルハウト	☆強	高度の芸術性　直感力　水辺の幸運　少し偏屈と思えるプライドの高さ　相続　わがまま　男性以上の出世
2/28	スカット	✪弱	音楽と芸術と奉仕の星　美しい声　秘められた芸術的才能　深い情緒性　相談役としての人生　良家に出世
3/7	アケルナル	✪中	富と社会的地位の両方をつかむ　人の上に立つ　熱烈な理想　家人を導く宿命　次期社長と結婚　宗教心
3/15	マーカブ	✪中	両親の一人は不幸　深みのある人間性　人気運　恋人を甘やかしすぎて失敗　婚約の延期　夫の出世
3/19	シャート	✪弱	3/13～3/20は最も幸運な宿命域の一つ　楽観的　幸福への自信　幸福を招く魔力　子ども時代は根が暗い　結婚後の富

アンドロメダゾーンの恒星 3/20〜4/28

誕生点	恒星名	吉凶影響力	影響する事柄
3/23	ディフダ	✪中	判断力に狂い　突撃による失敗　修正不可能な失敗　中途退学　離婚の可能性　大物　海と水の事故に注意
3/30	アルゲニブ	☆弱	内に秘めた火のような情熱　職業運良好　チャンスを確実につかむ　異例の出世　旅行多し　スタートラインは不幸
4/5	アルフェラッツ	☆強	財運・名誉運・独立運に恵まれる　スケールの大きな人生　非凡　野心　20代前半に男性遍歴　宝石と縁
4/12	ベイテンカイトス	★強	さまざまなアクシデントと縁　暴力事件　男性から受け取る暴力　スペシャリストの能力　家族の不理解に悩む
4/17	銀河アンドロメダ	✪強	二途で迷う進路　2軒の住まい　無目的な旅と縁　悟性を持つ　虚しさ行動による解決
4/20	ミラク	☆強	美しい愛とエロスに満たされた一生　犠牲心　結婚後の裕福な生活　技術力あり　能力以上の成功
4/21	ミラ	☆弱	隠されている幸福　突然の幸運　雨の日の幸運　最愛の男性からの求愛　動物愛護　恩返しを受ける人生
4/24	シェラタン	★弱	わがまま　コンプレックス　表面穏やかだが内面の憂鬱　関節とかかとに弱点　財力あり
4/28	ハマール	★中	有利な立場から不利な立場への逆転　弁舌に押し切られる弱さ　深刻な愛　不変の愛　人気運　誠実

プレアデスゾーンの恒星 4/29〜6/9

誕生点	恒星名	吉凶影響力	影響する事柄
5/4	アルマク	☆中	穏やかで幸運な一生　家族愛・夫婦愛に恵まれる　賑やかな家庭　音楽教師の才能　声楽　美食家
5/5	メンカー	✪強	病気による中途挫折　不名誉な事件　ハプニングによる大損失　浮気発覚　10年後の富　腎臓機能に弱点
5/18	アルゴル	★強	憂鬱　心の煩悶が絶えない　悩みの生涯　夫の暴力　アルコールによる失敗　不誠実な男性と縁　後半生は幸運
5/21	プレアデス星団	★強	涙の多い人生　欲しいものが手に入らない嘆き　多情　視力に欠陥あり　愛するものを失う　さとりの星　浮気
5/31	アルデバラン	★強	吉凶両極端　活動力で難関突破　人を引っ張る力　親分としての生涯　幸福な結婚　ただし離婚運も　巧みな話術
6/7	リゲル	☆強	精霊の宿る星　幸運　美と関係する人生　愛される人柄　諦めた後に訪れる幸運　有名になる　深い同情心

シリウスゾーンの恒星　6/10〜7/20

誕生点	恒星名	吉凶影響力	影響する事柄
6/12	ベラトリックス	★強	アクシデント多し　嘘をついたために不運を呼び込む　もてるようで、もてない　金儲けに飛びついて失敗
6/13	カペラ	☆強	優秀な頭脳　秀でた言語能力で外国語をマスター　人目に立つ華やかな一生　家の設計　モデルと縁
6/13	ミンタカ	✪弱	早い時代に成功する人生　中年期の挫折　波乱多いが総じて幸運　まじめな夫　蓄財能力あり　捻挫
6/13	エルナト	✪弱	恋人に向けられる辛辣な言葉　ヒステリー傾向　陽気　誰とでもすぐ親しくなれる　嫉妬　精神疲労
6/20	ペテルギウス	☆強	重要な地位につく　芸術的な才能　おしゃれ　異性の心を射抜く視線　軍人と縁　正しい姿勢
6/21	メンカリナン	✪弱	行動力あり　多忙な人生　多くの友人・知人　子どもが悲しみの原因を作ることがある　大ロマンス
6/23	プロープス	✪中	海辺に一度は住む　幼少期に呼吸器の障害　企業創始　人気運　お金に困ることはない　体重の激変　月夜の浮気

シリウスゾーンの恒星

誕生点	恒星名	吉凶 影響力	影響する事柄
7/1	アルヘナ	☆中	器用 人気 旅行の多い生涯 神秘的な魅力 美しい手 立派な家に住める 優しい異性と結婚 ケーキ作り
7/7	シリウス	☆強	幸運 意外と保守的 用心深いけど陽気 忠実な人柄 人や物を管理する能力 犬に噛まれる 幸福な家庭生活
7/7	カノープス	✪強	両親のよい面を遺伝的に受け継ぐ 幼少期と晩年期の幸運 早く老けるロマンチスト お酒に強い 大きな腰や出っ尻
7/13	カストール	★強	不快な出来事の多い人生 悪評 誤解 困った受胎 スキャンダル 食中毒 食卓での論争 複雑な三角関係
7/17	ポルックス	★強	アクシデント多い 怒り 失望 犯罪と関係 強盗に注意 視力の突然の衰え あらゆる中毒の危険
7/19	プロキオン	★中	伝染病に注意 動物、特に犬によるけが 試合運悪し 好きな異性の愛に気づかない 対人恐怖傾向

アッセライゾーンの恒星 7/21〜8/29

誕生点	恒星名	吉凶影響力	影響する事柄
8/1	プレセペ星団	★中	暗い心　孤独　反抗心と劣等意識　胸に秘めた野心　視力と視神経に弱点　異性の誠実な愛に気づかない
8/1・7/31	アッセライ	★強	暴力行為により目的を中途挫折させられやすい　悪意ある中傷　けがや火傷にも注意　視力の著しい衰え
8/7	アクベンス	✪中	なかなか結婚が決まらない　婚約者の蒸発　つらい仕事　孤独　企画力　美しい彫りの深い顔立ち　成功運
8/21	アルファルド	✪強	悲しい異性関係　愛する人と別れる運命　突然の地位転落　思わぬ人生行路　いつまでも若い肉体
8/21	アダフェラ	✪弱	芸術理解力　文才　シャープな頭脳　先を読みすぎて失敗　友人との離別多し　秘められた性欲
8/23	レグルス	✪強	不安定な運　上昇も早いが転落も早い　女性や子どもからの反感を買いやすい　自転車事故　セクシーな魅力

スピカゾーンの恒星 8/30〜10/20

誕生点	恒星名	吉凶影響力	影響する事柄
9/4	ゾスマ	✪中	楽しい出来事の多い人生　楽に生きようとしすぎて怠惰に　奉仕活動と縁　腹部の病気と縁　美しい顔立ち
9/10	M65〜M66	☆弱	独立運　店を持って成功　努力の青年時代　異性運は縁遠いがよい結婚　夫以上の成功　人に言えない悩み
9/15	デネボラ	✪強	他人に厳しい　会社にうまく利用されやすい　芸を人に教授　中年以降はマイペースの人生　頭脳労働
9/20	ザビジャバ	✪弱	愛情事件多し　早い性体験　同棲の可能性　彫金や美術の才能　狙われる肉体　美しい目　若い時代に赤貧を体験
9/28	ザニア	☆強	音楽的才能　芸術関係の仕事と縁　画家や詩人と恋　いつまでも消えないニキビ　受験運や試験運よし
10/2	コルカロリ	☆中	勝利の星　最後に笑う者　戦わずに勝つ能力　転がり込む栄誉と幸運　社交界と縁　財運あるがケチ

スピカゾーンの恒星

日付	恒星	影響	特徴
10/3	ビンデミアトリックス	☆中	数多くの異性に愛される生涯　幸福な恋愛体験　美しい容姿　魅力　自然治癒力　何度失敗しても立ち直れる人生
10/6	ポリマ	☆中	顔の広さで成功　外交手腕　舞踊と縁　やや肥満傾向だが美しい容姿　家庭教師との愛　文学的才能
10/6	アルゴラブ	★強	上司・父親・目上との対立　負傷が多い　家柄の違いで許されない愛　年下の男性との愛　自動車好き
10/17	スピカ	☆強	富と名声を獲得　美的センス　有名人　成功者として故郷や住んでいる人たちからの尊敬を集める　宗教心
10/18	アルクトゥールス	☆強	絵画の才　彫刻と縁　船上で燃え上がる愛を体験　島（海に囲まれた）へ旅行に出かけると開運　名誉欲あり

アンタレスゾーンの恒星 10/21～12/5

誕生点	恒星名	吉凶 影響力	影響する事柄
10/26	プルケリマ	✪弱	不十分なコミュニケーション　仕事や物事の進行の遅れ　手紙による誤解　異性のいとこに愛される
11/5	アルフェッカ	☆強	幸運　中年で築く莫大な富　神秘的な魅力　性的魅力　遺産や相続と縁　人気　支配力を持つ　強運の人生
11/8	サウスバランス	✪中	体力過剰による失敗　けが　階段に注意　浪費運　精力あり　スポーツの才　美男とは縁ができない
11/12	ノースバランス	✪中	愛の悩み　愛し合っているのに別れなければならない事情　下半身の病気　駅での出会い　再燃する愛
11/15	アヌカルハイ	★強	腎臓や膀胱・泌尿器系統に弱点　憂鬱症・神経過敏　生い立ちの不満　優しい異性と縁
11/25	イエドプリオール	★中	家庭環境の激変　家族構成に突然の変化　慢性的なイライラ　不自然な禁欲主義　目上と対立　古典の理解力あり
12/2	アンタレス	★強	宿命的としか思えないような事件が多い人生　優しさと厳しさ　愛の逃避行　妻子ある男性との恋の可能性
12/4	ラスターバン	✪中	外国人との恋　神秘や宗教に関係する職業　母親との深い愛の絆　財を異性によって消失　貧乏性的性格

ラサルハークゾーンの恒星 12/6～12/30

誕生点	恒星名	吉凶影響力	影響する事柄
12/7	ラスアルゲチ	✪中	理想家　苦労が多い人生　足に欠陥　年齢差のある男性との恋　第三者に介入される愛　暗く厳しい顔つき
12/10	サビク	✪中	負傷やアクシデント　アブノーマルなポルノなどへの強い関心　旅先での恋　節約で蓄財　転職多し
12/15	ラサルハーク	✪強	強力な霊感と予知能力　理想を追い求める人生　自由な生き方　思わぬ頑固さ　隠されたロマンチシズム
12/17	レサト	✪弱	理由のない焦燥感　ため息の多い人生　異性に対する消極性　長い恋愛期間を経て結婚に至る　友人運よし
12/18	シャウラ	★中	疑惑　詐欺　犯罪に巻き込まれる可能性　倒産直前の会社へ就職する不運　家庭運はよく、財運あり
12/25	アルナスル	✪弱	早いうちに社会的成功を勝ち取る人生　ただし後半はジリ貧傾向　結婚は二度になりやすい　愛情表現の不足

デネブゾーンの恒星 12/31～2/7

誕生点	恒星名	吉凶影響力	影響する事柄
12/31	カウスボレアリス	✪弱	著名人の力を得て開運　資格取得運　秘書役的結婚生活　夫との共同事業運も　背の高い子どもも
1/6	ベガ	✪強	文筆能力　著作と縁　通訳免状　和裁の才能も　遅れる結婚　人生のある時期に男性の生活の面倒を見る
1/11	デネブ（わし座）	☆中	晩年偉大な成功運　何かに本当の実力を持っている　理性的な愛　人間性を見抜く眼　正しい結婚　禁欲　演奏能力
1/21	アルビレオ	☆中	頭脳明晰　英知　鋭く深い理解力　学問への深い憧憬　学生時代の知り合いと結婚　文筆活動
1/22	アルタイル	✪強	窮地や危機に陥ると出てくる勇気　自信　甘やかされると能力を生かせない　まじめな恋　強烈な貞操意識
1/24	ゲエディ	☆中	独立の星　自主独立　向上心がありどこまでも発展する　素直さと偏屈さの両方を合わせ持つ　異性に助けられる
1/24	ダビー	✪中	問題の多い結婚　晩婚　悲しい愛を体験　美しい肌　西洋人ならブルーの瞳　日本人はつぶらな瞳
2/4	デネブ	☆強	発明・発見の才　企画力　集中力　独特のユーモアセンス　人気運　友情が愛に変化　恋人とのケンカは多い
2/5	アルバリ	✪強	落ち着いた物腰　不思議な能力（世の中の動きを予知するような）　隠された嫉妬　時々暴言を吐く

第3章

宿命恒星占星術による宿命占法

恒星ゾーン、誕生点、進行点の恒星などを利用して、あなたのいろいろな宿命を占ってみましょう。生涯で最高の年から相性の研究まで、ズバリわかる宿命占法です。

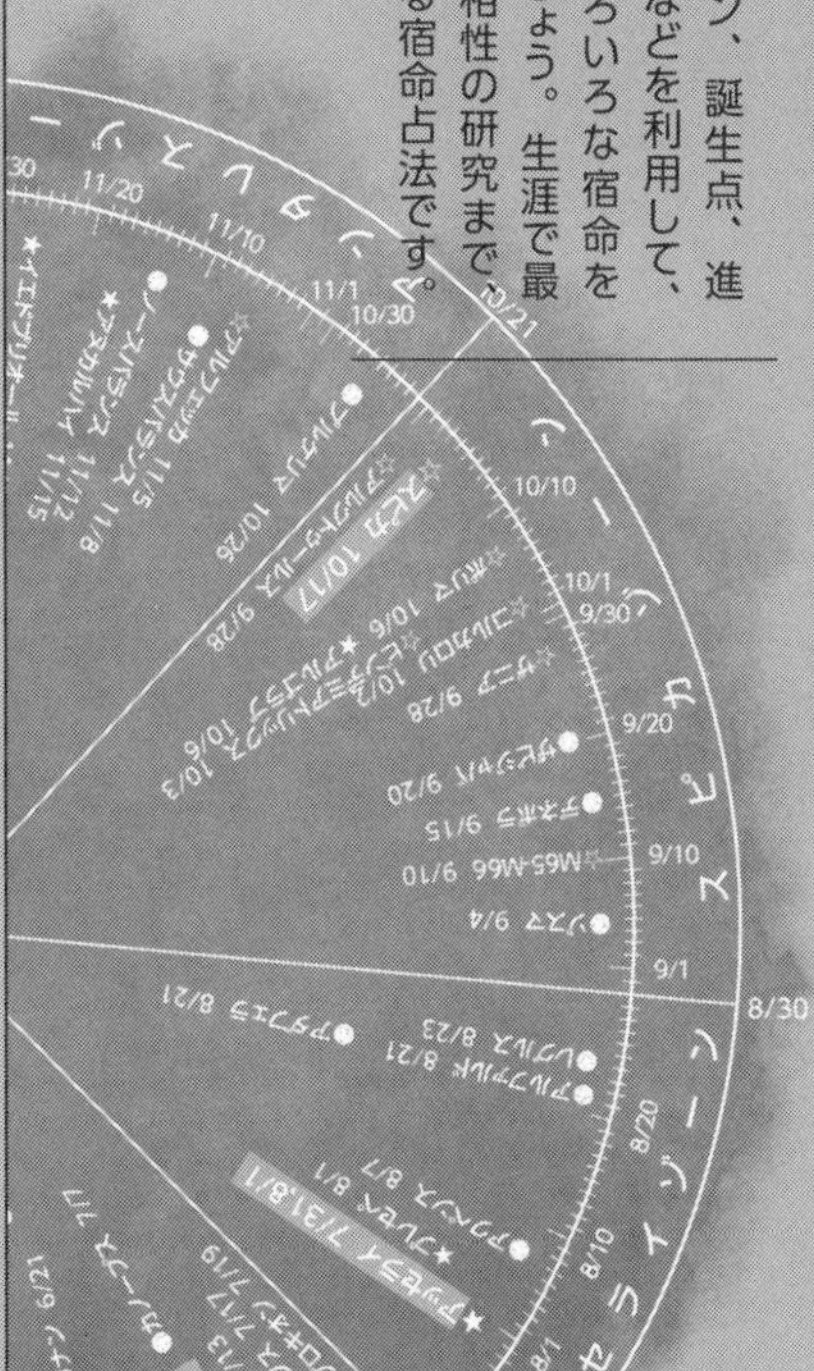

宿命恒星盤の見方

これからいろいろな占い方をご紹介しますが、巻末の「宿命恒星盤」を参考にしていただくと便利です。

「宿命恒星盤」には、宿命恒星占星術で扱う76の恒星と、9つのゾーンが一目でわかるように描かれています。

また恒星盤の下に、占ううえに必要なデータを書き入れる宿命表があります。あなたはすでに、宿命表にデータを記入されたでしょうか。まだの方は、間違いのないように記入してください。

次に、簡単に、宿命恒星盤の見方についてご説明しましょう。

恒星盤には、主に4タイプの恒星が示されています。マークなどで分けていますので、すぐにお分かりになるでしょう。4タイプは次のような区別を表わしています。わくで囲んでいるのは、ゾーン支配恒星です。

☆――吉星

★――凶星

✪――吉凶混合星

□――恒星名に枠組み（ゾーン支配恒星）

例 ［ラサルハーク12／15］

●恒星と一緒に書かれている数字は、恒星の位置する宿命点を表しています。

例　☆ザニア9/28

これは、恒星ザニア（吉星）は、9/28点に位置する、ということを示しているわけです。

●恒星盤の外周の数字は、ゾーンの始まる日付を表したものです。ゾーンの終わりの日付は書かれていません。すべて始まりの日付だけで、ゾーンの領域が示されています。

進行点と恒星盤

これから、いろいろな占いをするうえで、進行点が重要になってきます。すでにあなたの進行点は、求められていると思いますが、もう一度あなたの進行点の位置を、恒星盤の上で確認なさってください。

また現在の進行点に来るまでに通過してきた恒星がなかったか、また近い将来に通過していく恒星はないか、また自分の誕生点の正反対に恒星はないか、など進行点を他の恒星との関連において、とらえるようにしてください。

「宿命恒星盤」の世界

宿命恒星盤に描かれた76の恒星には、それぞれの星の持つ意味の他に、恒星間の物語があります。

例えば、プレアデスとスピカの間には、消えゆく姉妹の物語が、アンドロメダとデネブの間には、美しい友情の物語がある、というように、それぞれの星同士には、さまざまな思惑やドラマが存在しているのです。

本書では、それらのすべてをご紹介することはできませんでしたが、天上界に繰り広げられる恒星間のドラマは、その星の波動を受け取る人間にも、微妙な影響を及ぼしています。ここでは、それを占法という形にまとめ、天上界のドラマを、あなたのこの世の宿命として、ここに再現してみたいと思うのです。

＊

【注意】惑星間の距離の測り方について

「宿命恒星盤」は、３６０度の円を、３６５日で均等区分しています。そのため、相性角度を測る際、恒星間の距離が広くなるにつれ、若干の誤差が生じてきます。そこで惑星間の相性角度は、通常、次の方法によって測られています。

90日以上離れている角度は、月単位で測ってください。例えば3月3日から90日角は、素直に3ヵ月をプラス・マイナスした宿命点の6/3点、12/3点となります。6/3と12/3は、実際の日付計算で行くと、90日になりませんが、このように計算いたします。しかし、90日未満の場合は、実際の日付計算でその角度を求めてください。

◎90日以上の相性角度は、月単位で計算
◎90日未満の相性角度は、日付単位で計算

以上が恒星間の角度の距離を測る原則です。

運勢周期法による生涯最高の年

あなたの生涯の中で最も大切な年はいつでしょうか？　ここでは生涯のハイライトともいえる二つの年について、調査いたします。

①社会的な成功、物質的繁栄、幸福な結婚、地位、名誉、名声を獲得する年

進行点がこれから述べる年にきますと、人生最高の栄華を見ることができます。それまで不遇な環境にいた人は、一転して幸福な環境に導かれ、貧困に泣いていた人が富を得、愛に飢えていた人は、幸福な結婚に至ることができるのです。

その年は、次の二つの条件を満たした年で、これを「座標通過年」と呼びます。

1　運勢周期にあたる年（「生運数」26ページ参照）

2　進行点が何らかの恒星を通過する年

例／あなたの生運数が3で、7／31に誕生点を持っていたとします。生運数3の場合、運勢周期は3年ですから、7／31を起点に3年おきに通過する宿命点は、8／3、8／6、8／9、8／12、8／15、8／18、8／21になります。すると、8／21に恒星アルファルドがあるので、進行点が8／21に来た年が、この人の座標通過年となるわけです。

この年に始めたことがきっかけで、後に大成功を勝ち取る場合もあります。

●なお、進行点が凶星にきた場合でも、運勢周期と重なれば、それは座標通過で、生涯最高の栄華の年になります。しかし、凶意は他の面に現れてくるので、家族の病気や配偶者の病気に注意が必要です。

吉星や吉凶混合星の場合は、全く心配いりません。

●生運数1の人には、運勢周期がありませんので、特別に座標通過年もありません。

ただし、この生まれの人は、運勢的に強いので、進行点が吉星や吉凶混合星を通過する年は、座標通過と同様のチャンスに恵まれます。

●生運数が7～9の人は、運勢周期が7年～9年と長いので、進行点が恒星に来る年と運勢周期が重なる年との確率が、低くなります。

場合によっては、一生に一度も座標に至らない人がいるはずで、こればかりは仕方ありません。ただ言えることは、それだけ確率が少ない分、幸運も大きいということです。また運勢周期年が正確には恒星の位置とぶつからなくても、前後2年の所にあれば、一応、座標通過と認めます。

例えば生運数が7の人の場合、14歳、21歳、28歳が運勢周期年に当たりますが、その所の進行点に恒星がなくても、前後2年に恒星があれば、まず幸運な事件が起こると思って間違いありません。

② 悪い宿命が解消され、精神的または霊的に開眼する年

これは進行点が、特別に決められた12の宿命点を通過する年（その前後1～2年も含みます）こ

れを「道標通過年」と呼びます。

恒星フォーマルハウト　2/23点
銀河アンドロメダ　4/17点
プレアデス星団　5/21点
恒星リゲル　6/7点
恒星シリウス　7/7点
恒星アッセライ　7/31〜8/1点
恒星コルカロリ　10/2点
恒星スピカ　10/17点
恒星アンタレス　12/2点
恒星ラサルハーク　12/15点
恒星アルビレオ　1/21点
恒星デネブ　2/4点

進行点が、以上12の宿命点を通過する年（道標通過年）は、いずれも高い精神性と喜びを表しています。感激的な愛や結婚、美しい友情、宗教的体験、または高次元の悟り、といった事柄を示します。眠っていた芸術的才能が爆発したり、突然、創造性の湧き出る場合もあります。

また大発見、発明、霊感、予知能力が現れてきたりします。特に予知能力は、無意識が時代的危機を予知してか、人々に芽生える場合が多くなっています。

その中でも恒星ラサルハーク12/15、恒星デネブ2/4、プレアデス星団5/21における道標通過時には、不思議な予知能力を発揮する人が大勢います。

またフォーマルハウト2/23や、リゲル6/7、コルカロリ10/2の土俵通過年は、芸術的な方面で活躍を望む人にとっては、幸運で、デビュー運が待っています。

また、それまでの悪い宿命を道標で逆転することができますが、特に有望なのが、アンタレス12/2、アッセライ7/31～8/1、プレアデス5/21で、特に誕生日に★凶星を持って生まれた人は、劇的な道標通過となり、あなたは生まれ変わります。驚くような事件が起こりますが、過ぎ去ってみると、今までの不運がすべて流れ去っていることに気づくのです。

しかし誕生点に、☆吉星を持っている人がこれらの宿命点に来ても、★凶星を誕生点に持つ人ほどの感激は味わえません。

全天の中で、最も偉大な宿命点は、5/21のプレアデスで、この星団における道標通過は、「ボウディ・ターラリ（悟りの星）」と言われ、特別な位置に置かれています。進行点がプレアデスに近づくと、何ヵ月も泣き明かす、失望の時期が続きますが、直後にかつ然として心がひらけ、深い悟りの境地をひらく可能性があるのです。

【注意】プレアデスと90日角、及び180日角に当たる11/21点、2/21点、8/21点に進行点が来た年に、同様の出来事が起こる場合があります。

またフォーマルハウト2/23に進行点が近づく時も、必ずと言ってよいほど、悲しい愛情体験があり、失意の時を過ごしますが、直後に芸術的直感が芽生えたり、素晴らしい恋愛体験が待っている、ロマンチックな道標通過になるでしょう。

例　エリザベス女王と進行点。

エリザベス女王は１９２６年４月21日にお生まれになりましたが、女王がエディンバラ公と結婚されたのは１９４７年、女王21歳の時で、７年周期を持つ女王の３回目の運勢周期年にあたっていました。そして、次の運勢周期に当たるのが１９５４年ですが、その頃、ほぼ同時に進行点が、恒星アルゴルを通過する座標通過年にあたり、女王の一生涯における、最も華やかな時代を象徴していました。

その結果、１９５２年に女王が即位され、翌１９５３年には戴冠式が挙行されたのでした。ただ進行点が恒星アルゴルという★凶星通過でしたので、女王としての責任の重さに、人知れずお悩みになられることが多かったはずです。

しかし、それから３年後、進行点が、プレアデス星団5/21に進む、最も偉大な道標通過年に、女王はかつ然として悟りを得られたはずで、女王としての重責を果たしながら同時に、深い人間味を漂わせる立派なお姿になられていったのでした。

●進行点と他の恒星通過について

進行点が、何らかの恒星を通過する年は、座標や道標通過に限らず、必ず大きな出来事にぶつかります。その影響力は、正確に進行した年に最も強く現れますが、その前後１年ずつ、合計３年にわたって影響を及ぼすのが普通です。

正確な進行の前年は、出来事の原因となる環境や人間関係などを与えます。そして、正しい進行点の年に、最も事件が起こりやすく、その次の１年は、出来事の余波をいろいろな形で、受け止める収穫の年となるのです。

共同事業を例にとって説明しますと、次のように出来事が流れていきます。

恒星通過前年↓ある人と知り合う
恒星通過年↓その人と共同事業を開始
恒星通過翌年↓たくさんの収益金が入り↓成功

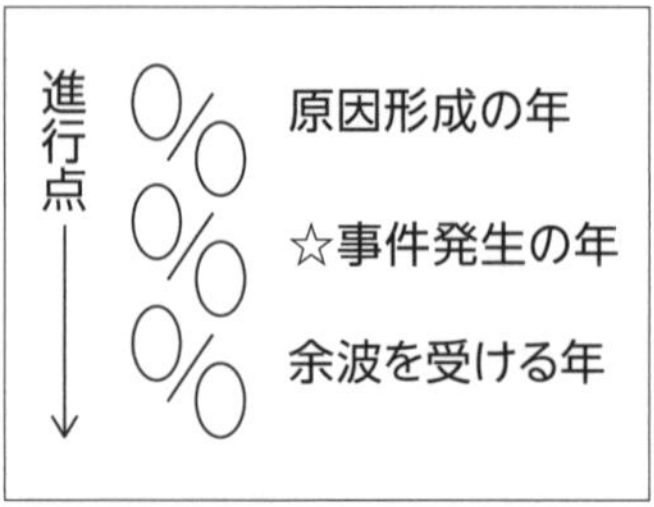

このように3年間の推移によって、大きな出来事が流れていくのです。これは座標通過の場合も道標通過の場合も同じです。

宿命恒星占星術による相性研究　運命の人

恒星間には、その関係を表したいろいろな神話があります。その神話をもとに、誕生点の違いにより、さまざまな相性角度が考えられるのです。この項では相性を研究しました。

①相思相愛の相性―120日の相性角度

天上の宝石と呼ばれる美しい恒星アルビレオ1/21と、涙の星プレアデス星団5/21との間には、清らかで、しかも情熱的な愛が通い合っています。これはプレアデスの悲劇を、アルビレオが深く理解してあげる物語にちなんでいますが、以後この二つの星の隔たりは、真実の愛の角度と呼ばれ、宿命恒星占星術では、相思相愛の相性と考えます。

恒星アルビレオ1/21とプレアデス星団5/21は、相互に120度の角度に位置し、あなたの誕生点から120日目にあたる誕生点を持っている人が、あなたと相思相愛になる人物を示しているのです。

例　あなたの誕生点が3/18である場合。3/18プラス120日、またはマイナス120日が、あなたと相思相愛になる人の誕生点です。

120日は約4ヵ月分ですので、3月18日にプラス、マイナス4ヵ月することで、求める誕生点が計算できます。3月18日の人の相思相愛の誕生点は、4ヵ月プラスした7/18前後三日間と、11月18日前後三日間になり、そこに誕生点を持つ人と、一度は深く愛し合う可能性が高いのです。

ただし120日の角度は、急激で死ぬほど恋い焦がれる、といった激情の相性と違い、ごく自然に出会い、自然に深く愛し合うようになる、極めてノーマルな幸福感に満ち満ちています。いわば理想的な恋愛の相性で、恋をすることにより、人間的にも二人は大きく成長するのです。

またこの角度は、全く異なった環境で育った二人を結びつけたり、宗教や考え方の違いを克服して、二人を結びつけることがあります。布施明12/16とオリビア・ハッセー4/17の愛は、その典型と言えましょう。

その他120日の角度には、いしだあゆみ3/26と萩原健一7/25夫妻、西郷輝彦2/5と辺見マリ10/5などがいます。このうち西郷輝彦と辺見マリは離婚しましたが、初めは何一つ打算がない、美しい愛情で結ばれていたはずで、二人の心には嘘ではない素晴らしい思い出は数多いのです。ただ120日の角度は、お互いに人間的に尊敬し合えなくなると、意外ともろく、簡単に関係を解消してしまう面があります。

もしあなたと彼が、120日の角度で結ばれているとしたら、尊敬し合う気持ちさえ持ち続けられれば、必ず結婚まで到達できるはずで、どちらかの進行点が、☆吉星にくる年に、注目してください。

②愛し合っているのに別れなければならない相性―90日、150日の相性角度

プレアデス星団5/21と、恒星スピカ10/17は、本当は姉妹星であるにも関わらず、事情があって離れ離れにされた悲しい星同士です。そこから宿命恒星占星術では、プレアデスとスピカの距離のことを、「涙の角度」と呼び、心から愛し合っているのに、やむを得ない事情によって、離れなくてはいけない悲しみの相性、と考えるようになりました。

あなたの誕生点から、プラスマイナス１５０日した誕生点がそれです。また90日プラスマイナス離れた角度も、その影響を受けます。

例　4/5に誕生点を持つ人の場合。５ヵ月をプラスマイナスすると、9/5、11/5になりますので、9/5前後三日間と11/5前後三日間に、誕生点を持つ人と、愛し合いながらも、別れなければならない、悲しい愛を体験しやすいといえます。

また毎年、その月日の頃になると、悲しい別離が訪れやすいので、気をつけてください。また３ヵ月をプラスマイナスした7/5、1/5前後も注意が必要です。

なお初めての性体験は、１５０日の相性角度が関係していることが多いのです。

●90日、１５０日の相性角度は、恋愛に限らず、あらゆる人間関係で強く影響してきますが、どの場合でも、離れ離れにされる悲しい宿命が待っているのです。歌手の岩崎宏美11/21と岩崎良美9/5

の場合も、150日の宿命の角度で、この二人が、心の底から心配し合い、助け合う美しい姉妹愛で結ばれていることを示していますが、お互いに仕事が忙しく、会いたくても会えない寂しさには、強いものがあると言えるでしょう。

また、この対象角度が、組織や集団の中で形成されると、どちらか一方、または両方の実力が発揮されなくなり、一方が抜けていくか、うだつが上がらなくなったりします。これは人間関係で争いが起こるというより、あくまで宿命的なもので、皆がよくしようと努力するにもかかわらず、なかなか歯車が噛み合わない状態になってしまうのです。

元ドリフターズにいた荒井注7/30の場合、荒井注を除くメンバーは、いかりや長介11/21、加藤茶3/1、仲本工事7/5、高木ブー3/8と、全員が120日のよい相性角度で結ばれているにも関わらず、ただ一人荒井注だけが、一つもよい相性角度を持っていませんでした。加藤茶3/1とは150日、いかりや長介11/1とは90日の角度、という悪い角度で、これでは辞めて当然、という具合です。もちろん、これは宿命的な問題で、実際に荒井注と全員の仲が悪かったということではありません。

また原選手7/22と長嶋茂雄2/20は、150日の宿命の角度で結ばれていますので、長島巨人の元では、おそらく原選手はドラフトで巨人に入団できなかったことでしょう。

（注）相性研究では事例が少し古い例がありますが、あえてそのままにしています。

③短い恋の相性
―44日の相性角度

恒星コルカロリ10/2と、恒星アヌカルハイ11/15は、それぞれに魅力をたたえた星ですが、お互いに相容れないプライドの強さを持っています。コルカロリとアヌカルハイは、距離にしては44日離れた角度にあり、以後、この関係を、短い恋の相性と呼ぶようになりました。

あなたの誕生点に44日をプラスまたはマイナスした誕生点を持つ異性とは、急速な恋に陥り、短期間のうちに別離を迎えねばならない、短い恋を経験することになりやすいのです。

例　誕生点が11/5の場合。11/5からプラスマイナス45日の誕生点を求めると、12/20点と9/22点になります（それぞれ前後1日ずつ相性許容範囲があります）。

④友情の相性
―72日、40日の相性角度

長続きする友人―72日の相性角度

恒星デネブ2/4と銀河アンドロメダ4/17の間には、美しい友情物語があります。その昔、絶体絶命の危機に陥ったデネブを、誰一人助けようとしない中で、ただアンドロメダだけが危険を顧みずに、デネブ救出に赴いたことがあります。

以来、この二つの星の距離に当たる72日が、美しい友情の角度と呼ばれるようになりました。

例　プルケリマ10/26点に誕生点がある人の場合。

10/26日からプラスマイナス72日の誕生点を求めます。1/6、8/16がその答えで、1/6前後2日、8/16前後2日に、誕生点を持つ人と、美しい友情関係を結ぶことになるでしょう。

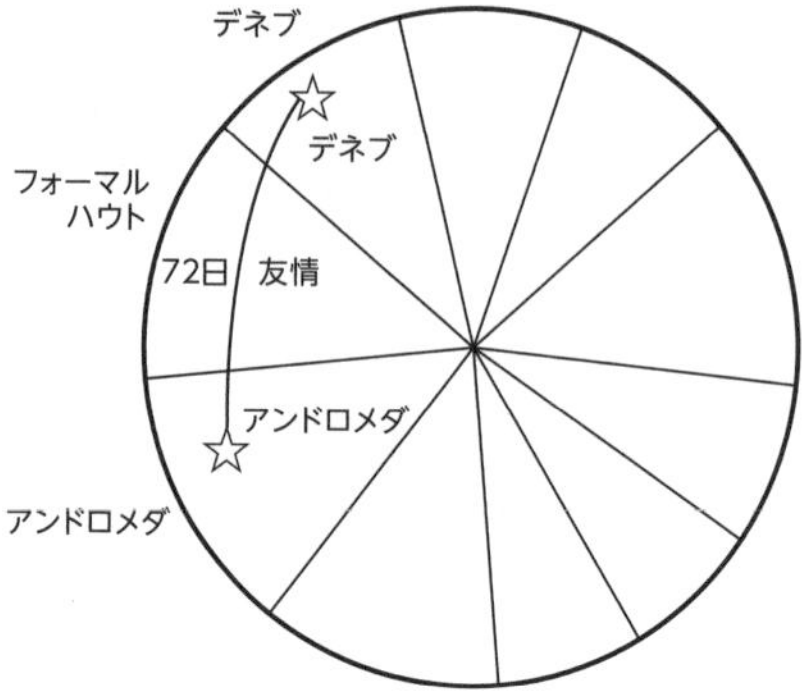

友情を破壊する宿命点―40日の相性角度

その昔、恒星ノースバランス11/12は、恒星サウスバランス11/8とたいへんに仲のよい星同士でしたが、恒星シャウラ12/18が中に入ってきたために、友情を破壊されたことが語られています。

以来、恒星サウスバランス11/8と、恒星シャウラの距離は、友情を破壊する距離と言われるようになりました。サウスバランス11/8とシャウラ12/18は、40日離れています。

あなたの誕生点を基点に、前後40日（39日～41日）に位置する誕生点の人とは、危険な友情関係に陥りやすいといえます。シャウラはサソリの毒針で、きつい棘のある言葉や態度、また友人の失敗を笑うことが原因で、関係を破壊する場合が多いのです。特に二人の間に共通の友人が登場してきた時は、注意が必要と言えます。

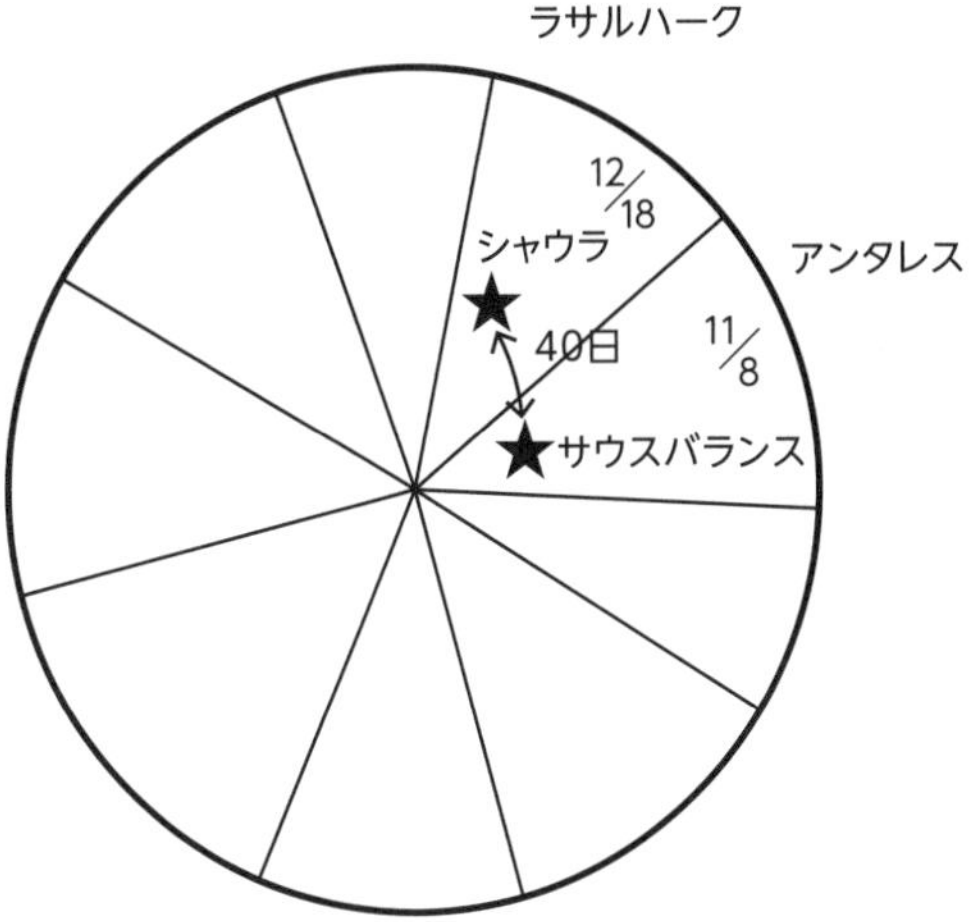

⑤あなたを幸福に導く人
—真向かいに誕生点を持つ人

あなたを幸福に導く人は、ちょうど真向かいに誕生点を持つ人です。

あなたの誕生日が1/3だとすると、それから6ヵ月をプラスした誕生点があなたを幸福へ導いてくれる人物を表しています。7月3日前後2日に生まれた人がそれです。

許容範囲は前後2日で、前後4日以上離れると、反対に、敵対する人物を表すことになるので、注意してください。

真向かいという距離は、アンドロメダ4/17とスピカ10/17の距離にあたります。その昔、アンドロメダが窮地に陥ったデネブを助けた時、その

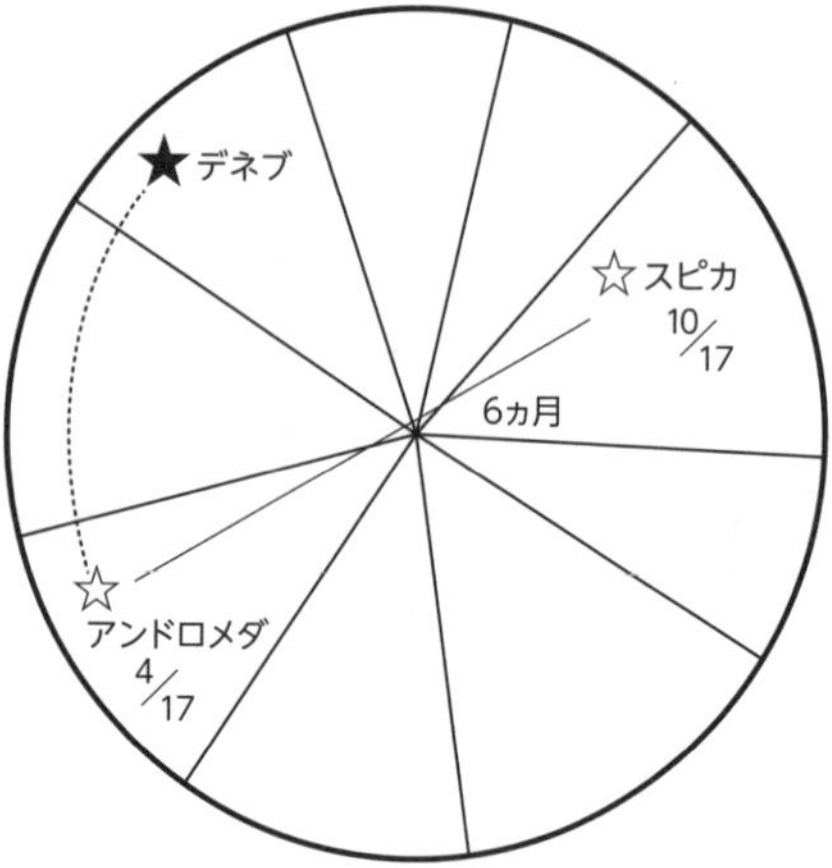

勇気をスピカが最大限に称え、さまざまな物資を援助したことに由来しています。この出来事を機に、天上界が再編成され、平和が訪れたので、以後、真向かいの距離は、幸福の角度と言われるようになりました。

●また進行点の向かいに誕生点を持つ人も、あなたに幸運をもたらす相手です。

例　誕生点が10/3で15歳の場合。進行点10/18に来ていますので、真向かいにあたる4/18（4/17〜4/19）の人が、その時期、あなたに幸運をもたらしてくれるのです。相手が異性の場合は恋に落ちる可能性が高いといえます。

【注意】　真向かいの誕生点は6ヵ月をプラスしてください。

特殊な誕生点、宿命点の研究　人生プログラム

宿命恒星占星術は、誕生点の違いによって、さまざまな占いができますが、この項では主に結婚についての誕生点を研究してみました。

① 好きな人と結婚できる誕生点

好きな人と結婚できる誕生点は数多くありますが、その中でも特に、まさかと思う憧れの人と結婚できる特殊な誕生点があります。

恒星ポリマ10/6、恒星スピカ10/17、恒星アルクトゥルス10/18、恒星コルカロリ10/2、M65〜66 9/10など、スピカゾーンに集中しています。

他に恒星リゲル6/7、恒星ペテルギウス6/20なども該当し、これらに誕生点を持つか、または、進行点が通過する時期を迎えられる人は幸せです。

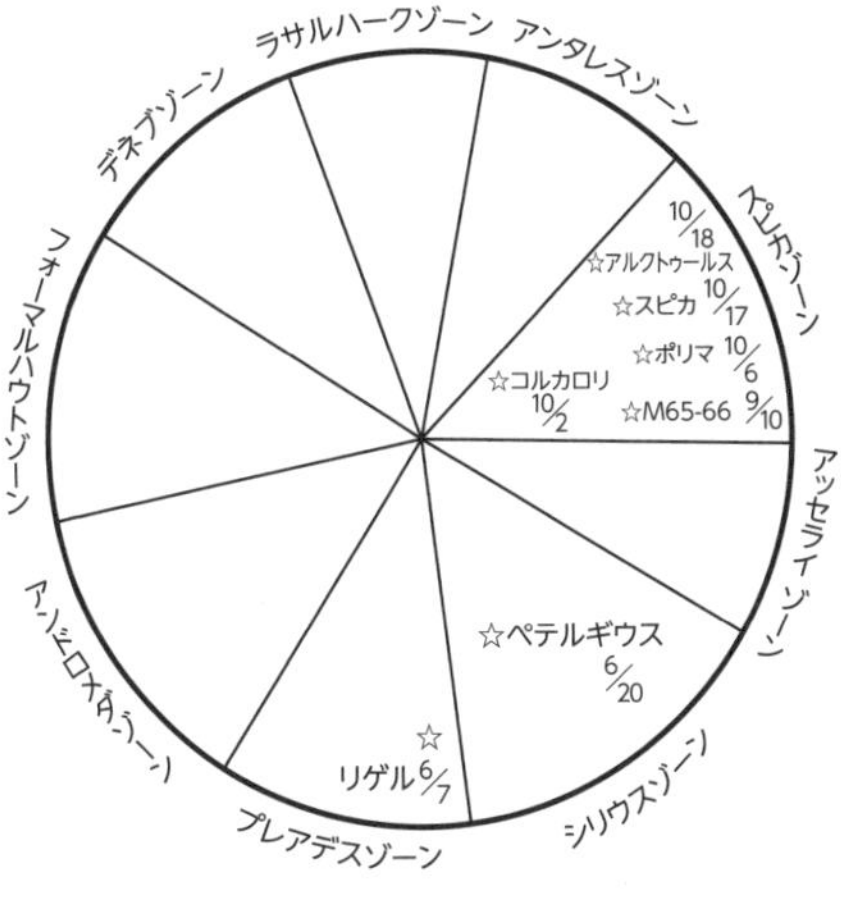

② 好きな人と結婚できない宿命点

決定的なものではありませんが、結婚の人選に失敗しやすい恒星ベイテンカイトス4/12、結婚に関して反対にあいやすい恒星サダルスウド2/12、神経質になりすぎてかえって良縁を逃す恒星ポルックス7/17、以上に誕生点を持つ人は、一応、注意した方がよいかもしれません。

進行点の場合は、ベイテンカイトスとポルックスの年の結婚には、やや注意が必要です。なお、サダルスウドの年の結婚は、父親の反対に注意を。

③ 外国と縁のある宿命点

外国人と恋に落ちたり、友情をむすび合う宿命点というものがあります。その宿命点は、恒星ラスターバン12/4の影響です。誕生点に、ラスターバンを持つ人は、生涯のうち必ず一度は、外国人と恋に落ちるか、深い友情の絆を結ぶことになります。また、ラスターバン12/4と90日角度１８０日角度にある三つの宿命点も、同様に意味を持ちます。3/4前後2日、6/4前後2日、9/4日前後2日、以上のどれかに誕生点を持つ人は、外国人との愛、友情、長期留学、のどれかを一度は、体験することになるでしょう。また、これらの宿命点に、進行点が訪れる時期にも、外国との縁が深くなります。

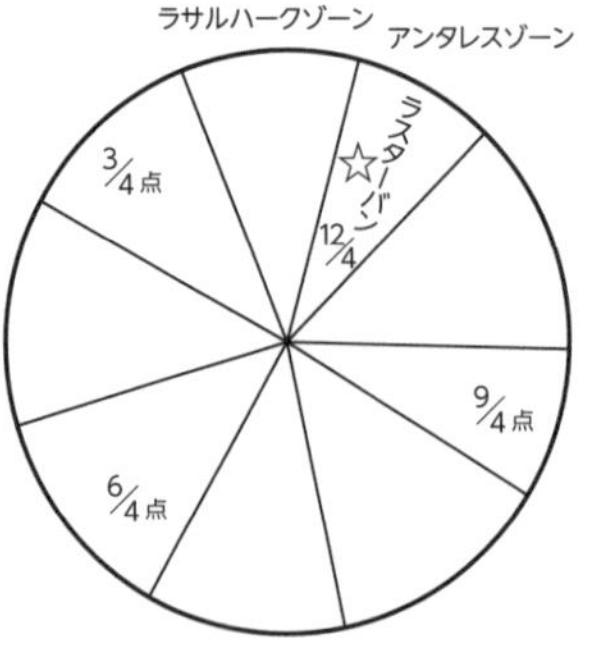

念願成就の年　天恵を得る年

最後はあなたが一生に一度のお願いをするとしたら、いつがいいのか念願成就の年について述べてみましょう。それには９大ゾーンの支配構成が問題になります。

一生に一度のお願いと私たちはふざけてよく使いますが、長い人生の中には本当にこの願いさえ叶えられたら、後はどうなってもかまわない、と思うような強い願望を抱くことがあります。そして、このような願望の叶えられる年、すなわち念願成就の年が私たちに与えられているのです。

それは進行点が９大ゾーンの支配恒星と１２０日の角度を形成する時期です。

例　進行点が11/7に来ている場合。11/7点は、恒星シリウス7/7と１２０日（４ヵ月）の角度にあたり、念願成就の年となります。

恒星盤を利用して、あなたの念願成就の年を探してください。なお正確に１２０日（４ヵ月）の角度を形成する前後の年も重要で、合計3年間にわたって念願成就の幸運が形成されていくのです。

●数ある念願成就の年の中で、最も注目できるのは、8/15～8/17を進行点が通過する時です。この宿命域は、アンドロメダ4/17、及びラサルハーク12/5の二つの支配星と、同時に120日角度を形成する宿命点で、念願成就の力は偉大です。

これは進行点に限らず、許容範囲を入れて8/14〜8/19頃に誕生点を持つ人の人生にも言えることで、この生まれの人は、目標としたものを、必ず達成させる力を秘めています。

ナポレオン8/15の一生も、最後は敗れたものの、ヨーロッパ大陸を一時は手中に収めたのですから、まさに念願成就の一生であったと言えるでしょう。

シリウスゾーンに誕生点を持つ人は、特にその宿命域を進行点が通過するので、注目してください。

終章

悪い宿命を逆転解消させる方法

悪い運命を持っていたら、一生その宿命に泣かなければならないのでしょうか？

宿命恒星占星術では、悪い宿命を逆転させた時こそ、その喜びは大きいと考えるのです。

持って生まれた宿命的素質と闘わない

あなたの恒星ゾーン、および、あなたの誕生点には、どんな星がありましたか？

吉星を持って生まれた人は安心ですが、凶星や吉凶混合星の人は、少し不安ではないでしょうか。悪い星の下に生まれると、どうしてもその星の発する宿命波の影響を受けて、日常生活でも似たような悪い波動に感応しやすくなるからです。その結果、不幸な人はどんどん不幸になり、うまくいく人は何事もトントン拍子に進み、幸・不幸が際立ってきます。こう言うと、皆さんはおそらく憤りを感じられるかもしれません。

生まれた時から、不幸な人と幸福の人がすでに決められているなんて、確かに納得がいかなくて当然です。

しかし、考えてほしいのです。例えば背の低い人が、どんなに背を高くしたいと思っても限界がありますし、色が黒く生まれた人が、どんなに美しい肌になろうとしても、化粧などで調整する以外、方法はないでしょう。

これらのことはすべて、その人の持って生まれた宿命的な素質であって、私たちにはどうすることもできないのです。またどうすることもできないからこそ、私たちは悩んでしまうのです。苦しくつらい悩みの多くは、真剣な愛の悩みなども含めて、自分の力ではどうすることもできない、そういうものではないでしょうか。

では、私たちは、どうすれば星が与えたつらい宿命から脱出することができるのでしょう。ここでは、その方法についてお話したいと思います。

宿命は努力によって変えるのではありません

まず私たちの心に浮かぶのは、努力することによって、悪い宿命を克服できないか、ということです。実際に多くの人たちが、自分に足りないものを何とか補おうとして、努力を続けています。

もちろん、それでうまくいく場合はあります。努力することは、本来、人間に与えられた最大の喜び（自己向上欲）ですが、実際には義務を果たすために、やむなく努力するパターンが多く、決して自己向上欲に結びついていないのが、現代人の特徴と言えます。

特に悲しいことですが、悪い宿命を持って生まれた人の努力は、宿命波の影響で、つい間違った方向や意味のないものに向けられやすく、努力すればするほど、悪い結果になって返ってくることが多いのです。

このように、宿命というものを、努力などの人力によって変えるのは、容易なことではありません。では、悪い星の下に生まれた人は、どうすればよいのでしょうか。

宿命恒星占星術は、悪い宿命を自由自在に変える秘法を持っています。それは、とても簡単なことなのですが、おそらく、それを聞くと皆さんは、「そんなバカな」と怒る人も出てくるでしょう。

宿命を変える私の方法は、確かに常識はず《ヽヽヽ》れ《ヽ》で一見、ばかげているように思えます。しかし、それは私たちの常識的な考え方というものが、実はズレて転倒しているからで、多くの人が幸福になりたいと願いながら、なかなかそうなれないのも、常識論の中で幸福を求めているためなのです。

しかも、人間はとても弱くできていますから、運勢が悪くなればなるほど、常識にしがみつくようになり、ますます不毛の中で苦しむようになっていきます。

例えば、職場などで同僚や周りの人に馴染めないで悩んでいる人は、もっとウケるように話をしなくては、もっと明るく見せなくては、趣味を合わせなくては、と常識的な努力を始めるのですが、そのためにかえって非常識なことをしてしまい、まずい結果を招くことがあります。

すると、本人はますます焦り、いっそう不毛の努力を続けていく、そういう悲しい事態が世の中には多すぎるのです。

「貧乏にならないようにしよう」では貧乏の宿命を転換できない！

では、宿命を自由自在に変える宿命恒星占星術の方法とは、どういうものでしょうか。どうか驚かないで聞いてほしいのです。

貧乏という側面を例に説明しましょう。あなたがもし、一生貧乏で暮らす宿命にあると知ったら、あなたはおそらく「よしこうして貧乏にならないようにしよう」と考えて、貯金をするとか、人一倍働くとか、さまざまな方法を検討するでしょう。

しかし、これがすべて間違っているのです。むしろ、あなたがしたくないと思っているお金儲けの方法を実践してみることです。それだけでも、ひどい貧乏に陥らないですみます。

要するに、あなたの持って生まれたお金の所有に関してのセンスは、常にうまくいかない方に向けられる、そういう仕組みだったわけで、逆にやりたくないことに、目を向けるだけでも、最悪の結果に至らないですむのです。

また貧乏の宿命を持った人が、よし自分は一生貧乏か、と腹を据えてその仕組みを受け止め、それならば金儲けなんか一切考えない、またお金の心配も一切しない、と一心に自分の宿命に居直ったならば、その人は即座に、貧乏の宿命から脱することができます。

なぜならば、本人がその宿命を自ら受け入れたことによって、宿命はすでに成就されたわけで、それ以上、拘束する必要はなくなるからです。

このように、宿命恒星占星術で説く宿命の克服法は、宿命や運命と戦い、それを力によって解決しようとする従来の幸福論とは違うのです。

もちろん今の貧乏の例が、そのまま全員に適用できるわけではありませんが、基本の原理は同じです。

では､身近な例を一つ挙げてみましょう。時々、仕事を頑張っているのに成果が上がらないという人がいます。こういう人のほとんどは、勤勉でまじめに仕事に取り組みます。遅い時間までパソコンに向かっているでしょう。何かノルマを課されている場合、プライベートの時間を削っても仕事をするかもしれません。しかし、思うように成果が上がらない……。こういう人の場合は、決して要領が悪いために成果が上がらないわけではなく、間違った方法や、取り組む姿勢にこだわってしまうため、肝心なことに頭が回らなくなっているだけです。

こういう人の場合も、貧乏の時と同様、こんなことをしてはいけないと思っている仕事の方法を試してみることなのです。

例えば、テレビを見ながら仕事するなんてとんでもないと常々思ってる人が、テレビの目の前でボリュームいっぱいに上げて仕事してみることです。また、家族の声がうるさくて集中できないと思っている人は、家族の声が一番聞こえる食堂や茶の間で仕事をすることです。これだけでも仕事に集中できない悩みは解消します。

こう聞くと、皆さんはそんなバカな、と思うことでしょう。しかし仕事をしているのに、成果の上がらない人は、ためしてみてください。テレビの前や茶の間でうるさいなあと思いつつ仕事してください。その時、うるさいなあと素直に思うことが大切です。本当にうるさいわけですから、本当にうるさいなあと思いつつ仕事してください。そうすれば必ず奇跡が起こるのです。

このように私たちの意識的な選択行動によって、宿命は、自在に扱えるようになります。

ですから、あなたの恒星ゾーンや誕生点の恒星が、悪い宿命を発する星であったとしても、がっかりしないでください。宿命は宿命で厳として存在しますが、それを克服して人生発展の機縁にすることができるからです。

悪い星のもとに生まれた人ほど、宿命克服後に大発展する！

またつけ加えておきたいこととして、初めは悪い星のもとに生まれた人の方が、一度、宿命を克服するや、大発展していく場合が多い点です。

あらゆる人が自分の宿命を知って、悪い人はそれを克服し、よい宿命の人は、よりよくそれを生かせるように、この宿命恒星占星術を利用してほしいと思います。

おわりに

この本をお読みになって、宿命というものの存在が、だんだん身近に感じられてきたのではないでしょうか。

今回ご紹介した内容は、宿命恒星占星術の基本の部分です。宿命恒星占星術は、大きな体系を持つ占いで、まだ研究の余地が残されている部分が多くあります。カルマと恒星の関係、恒星間の相互関係、および、今回あまり取り上げなかった、座標や道標などですが、それらについては、またの機会にぜひご紹介したいと思います。

都会では、夜になっても、ほとんど星は見えませんが、もし、どこかで美しい星空を見る機会に恵まれたら、どうかあなたの星を思い出してください。恒星の不思議な力が恵みとなって、あなたのもとに届くことでしょう。

復刊のご挨拶

作家は処女作を超えられない、という言葉があります。この本は私にとっての処女作でした。そしてことわざ通り、この本の中には、私のすべてが語られているように思います。

今からもう40年近く前の本であるにも関わらず、読み返してみてもあまり違和感を感じません。それは私自身が成長していない面もあるにせよ、あの頃の気迫や読者に訴えようとする思い、熱意が今と変わっていないからです。

40年もの長きにわたって、私は自分のやり方をずっと通してこれたのは、何より多くのファンがいてくれたことによるものですが、私を育ててくれた人や環境があったことが土台となっていることが大きいのです。

時代はちょうど星占いがメディアに登場し始め、一世を風靡する雑誌、「マイバースデイ」が登場する時代背景がありました。実業之日本社さんから出版された「マイバースデイ」はたちまち人気雑誌となって、少女たちの心をつかみました。その編集と企画をすべて担当されていたのが説話社さんで、今回も説話社さんからこの本を復刊することになりました。

その頃は編集と書き手との間が今よりもずっと密だった時代で、仕事以外にも食事や旅行などを共にし、楽しい日々を忙しく送っていたことを思い出します。私は締め切りでは常にご迷惑をおかけしていましたが、説話社社長である酒井文人編集長は担当さんとの間に入られて、いつもご苦労をおかけしていたことと思います。

企画の打ち合わせや新占法について、また時々の星の動きについて話し合い、よく語り合い、編集室の明かりは遅くまでいつも灯っていました。今、思えば、それぞれの立場は違っても、お互いに未来を見つめて、日々を一生懸命に生きていた気がいたします。

私は「マイバースデイ」を執筆することによって、文筆力を磨き、占術の方法を深めていきました。楽しかったそうした時代が10年以上も続き、私はその後、事業方向に進んでいくことになるのですが、いつでもどこかで、酒井編集長が見てくれていて「愛先生、また新しいことはじめたよ」と、見守ってくれているのを感じるのです。

今では年に数度もお会いすることはないのですが、創成期に共に未来を見つめた者同士の信頼関係は、簡単になくなるものではない、と私は感じております。そうした恩ある説話社さんから、復刊のご案内をいただいたことは本当にありがたいことでした。それも『恒星占星術』という、私の最初の本の復刊でした。

『愛の宿命占い　恒星占星術』は、空に散らばる幾多の恒星を、天の赤道の緯度に合わせて占うものですが、実測値とは異なり、黄道の感受性に照らし合わせた私独自の特異な方法によって、恒星とゾーンの位置は決められています。

人間世界は大元に恒星があり、その代表としての太陽がありますが、恒星の意識がすべての大元にあるのです。それは天の赤道に投影されて12星座となり、神話を生みました。さらに地上に投影されて12ハウスを生じ、具体的に占いができるようになるわけですが、大元にある恒星自体の存在についてほとんど、誰も考えることはありません。

しかし、私たちが意識の奥底には恒星があるのです。恒星に目を向けることで、開かれてくる心と魂の状態があるように思います。

人はなぜか夜空の星を眺めることが好きです。毎晩見えるはずの幾多の星々。今では空気の汚れや街の夜の光によって数少ない星しか見えませんが、これがすべての大元なのです。大元を忘れてはいけないために、星は日々輝いています。

夜になれば星を眺める日々……これが人間の本当の暮らしだったのです。久しく星から遠ざかってしまった私たち……もう一度、恒星に心を向けた時の、あの独特の静けさの中で、自分のことや未来について探訪されてみてはいかがでしょうか。

ご担当の酒井陽子さんには、40年も前にもいろいろとお世話になりました。再びまたご担当をいただくことになり、感謝申し上げます。また、この本を作った昔に、多くのお力と励ましをいただいた、株式会社実業之日本社元常務、今は亡き柴野さまに感謝するしだいです。皆さまの思いと、お力により、復刊することとなりました。ありがとうございました。

かつての「マイバースデイ」の読者の皆さまとも共に年を重ねてまいりましたが、懐かしい当著をぜひともお手に取っていただけましたら、望外の喜びです。長いご愛顧をいただいており、本当にありがとうございます。関係する皆さまのご多幸を星にお祈りさせていただきます。

恒星占星術の復刊にあたり

マドモアゼル・愛

あなたの過去世・現世・未来世を表す
宿命恒星盤

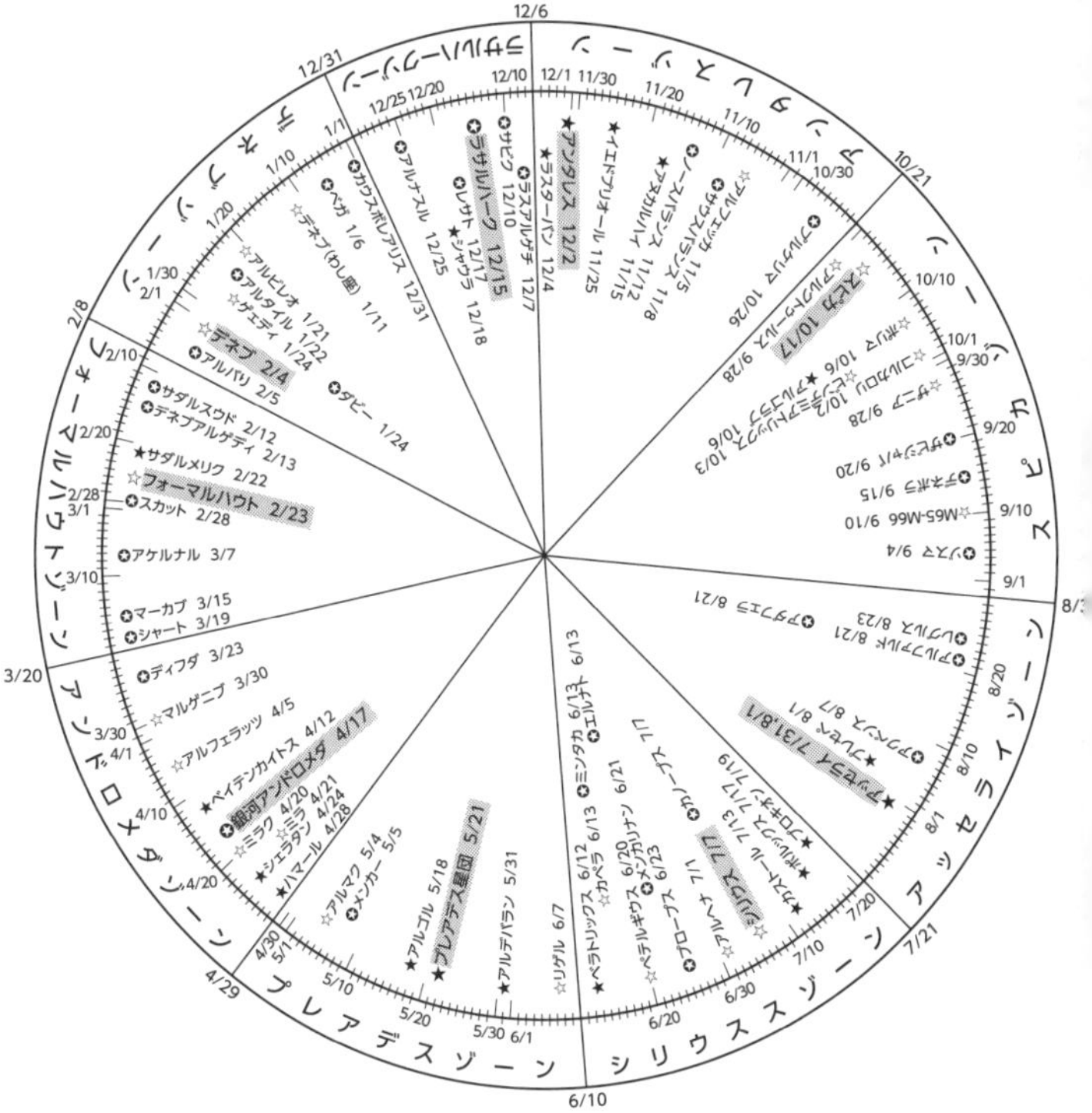

☆……吉
★……凶
✪……吉凶混合

●あなたが書き入れる宿命表

誕生点（誕生日）
恒星ゾーン
誕生点の恒星
進行点（　　歳現在）
生運数　　　　運勢周期

著者紹介

マドモアゼル・愛
(まどもあぜる・あい)

1979年にデビュー。月刊誌「マイバースデイ」にレギュラー登場して以来、40年以上にわたって活躍。西洋占星術のほかに、心のメカニズムについての著述も多い。音と周波数の研究から、MIチューナーを開発。占星術の月についての新学説を展開。月は欠損を表すとの立場は、占星術界にセンセーショナルをもたらしている。ニッポン放送テレフォン人生相談の回答者。著書多数。ユーチューバー(登録者数10万人以上)。みずがめ座。

マドモアゼル・愛の動画は
こちらで視聴いただけます。

本書はMBブックス『恒星占星術入門　愛の宿命占い』（実業之日本社）に、
一部加筆、修正を加えて、再編集したものです。

説話社占い選書シリーズ創刊の辞

説話社は創業以来、占いや運命学を通じて
「安心できる情報」や「感動が得られる情報」
そして「元気になれる情報」をみなさまに提供し続けてきました。
「説話社占い選書シリーズ」は、占いの専門出版社の説話社が
「21 世紀に残したい占い」をテーマに創刊いたしました。
運命学の知恵の源である占いを、現代の生活や考え方に沿うよう、
よりわかりやすく、そしてコンパクトな形で編集してあります。

みなさまのお役に立てることを願っております。

2014 年　説話社

説話社占い選書 17
宿命《しゅくめい》を知《し》り、活《い》かす **恒星占星術《こうせいせんせいじゅつ》**

発行日　2021 年 7 月 7 日　初版発行
著　者　マドモアゼル・愛
発行者　酒井文人
発行所　株式会社説話社
〒169-8077　東京都新宿区西早稲田1-1-6
電話／03-3204-8288（販売）03-3204-5185（編集）
振替口座／00160-8-69378
URL http://www.setsuwasha.com/

デザイン　市川さとみ
編集担当　酒井陽子
イラスト　三村晴子
印刷・製本　中央精版印刷株式会社

ISBN 978-4-906828-75-3　C 2011

説話社
占い選書

説話社占い選書シリーズ

⑧

⑥

④

①

⑨

⑦

⑤

②

⑧ 説話社占い選書8
運を開く 27 宿の教え
宿曜占星術
宇月田 麻裕 著

⑨ 説話社占い選書9
女神からの愛のメッセージ
小惑星占星術
芳垣 宗久 著

⑤ 説話社占い選書 5
すべてがわかる 384 爻《こう》
易占い
水沢 有 著

⑥ 説話社占い選書6
もっと深く知りたい!
12 星座占い
月星 キレイ・芳垣 宗久 共著

⑦ 説話社占い選書7
はじめてでもよくわかる!
四柱推命
富永 祥玲 著　大石 眞行 監修

① 説話社占い選書 1
簡単でわかりやすい
タロット占い
LUA 著

② 説話社占い選書 2
悩み解決のヒントが得られる
ルーン占い
藤森 緑 著

④ 説話社占い選書 4
手のひらで心が読める
西洋手相占い
ゆきまる 著

すべて本体価格1,100円（税込）　※③は欠番。増補改訂版のためで⑮が該当します。